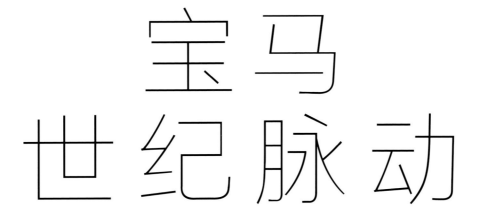

宝马
世纪脉动

THE **ULTIMATE PERFORMANCE** MACHINES

宝马
世纪脉动

THE **ULTIMATE PERFORMANCE** MACHINES

［英］托尼·卢因（Tony Lewin） 著
庞　珅　译
陈哲然　审校

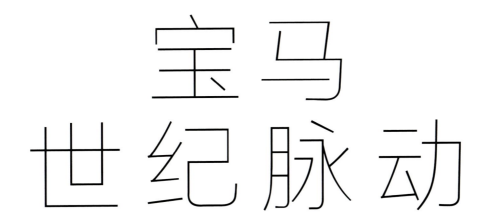

宝马的崛起之路非同寻常：从赋飞机以翱翔之力的星型发动机，到赋摩托车以重拳之速的"拳击手"水平对置发动机，再到赋汽车以运动之魂的直列六缸发动机；从开纯粹驾驶乐趣先河的328，到M家族的开山之作M1，再到引领业界革新的i8。这是一段用技术创新与驾驶之梦书写的世纪传奇。

《宝马：世纪脉动》以生动干练的文字述说了宝马这位德国汽车巨头的传奇历史和经典车型。源自宝马官方资料的珍贵历史图片，以及出自众多知名摄影师之手的精美照片，将为你开启一次赏心悦目的时光之旅。

宝马的100年跌宕起伏，在战火中不屈不挠，在经营危机中险象环生，在时代交叠中伫立潮头。无论面对沟壑，还是面对坦途，每一个宝马人都不曾忘记自己的使命，他们克己奉公、锐意进取，使创新的火种代代相传——这正是宝马的成功之道。

Copyright © 2016 Quarto Publishing Group USA Inc.
Text © 2016 Tony Lewin
Simplified Chinese translation © 2018 China Machine Press

All images courtesy BMW AG PressClub and BMW Archive except as noted otherwise.
On the front cover: A close view of the badge on BMW's i8 hybrid sports car. William Stern
On the front endpaper: BMW's celebrated 507 poses on a winter mountain pass.
On the rear endpapers: BMW's portfolio of Hommage concept models and the classic cars
 and bikes that inspired them. In the foreground is the 2002 Hommage, revealed in May 2016.
On the title page: BMW's Berlin dealership in 1929. Clearly visible are the just-launched
 3/15 sedan and the R62 motorcycle, complete with Steib sidecar.
Original title: *The BMW century : the ultimate performance machines*
First Published in 2016 by Motorbooks, an imprint of The Quarto Publishing Group USA Inc.
All rights reserved

This title is published in China by China Machine Press with license from Quarto Publishing Group USA Inc. This edition is authorized for sale in China only, excluding Hong Kong SAR, Macao SAR and Taiwan. Unauthorized export of this edition is a violation of the Copyright Act. Violation of this Law is subject to Civil and Criminal Penalties.

本书由Quarto Publishing Group USA Inc授权机械工业出版社在中华人民共和国境内（不包括香港、澳门特别行政区及台湾地区）出版与发行。未经许可的出口，视为违反著作权法，将受法律制裁。
北京市版权局著作权合同登记　图字：01-2018-8477号。

图书在版编目（CIP）数据

宝马：世纪脉动 /（英）托尼·卢因（Tony Lewin）著；庞珅译 .—北京：机械工业出版社，2020.5
（我为车狂系列）
书名原文：The BMW Century：the Ultimate Performance Machine
ISBN 978-7-111-65389-9

Ⅰ.①宝… Ⅱ.①托…②庞… Ⅲ.①汽车工业-工业史-德国 Ⅳ.① F451.664

中国版本图书馆 CIP 数据核字（2020）第 064342 号

机械工业出版社（北京市百万庄大街22号　邮政编码100037）
策划编辑：孟　阳　责任编辑：孟　阳
责任校对：赵　燕　封面设计：马精明
责任印制：孙　炜
北京利丰雅高长城印刷有限公司印刷
2020年6月第1版第1次印刷
248mm×304mm·30印张·3插页·457千字
0 001—1 900册
标准书号：ISBN 978-7-111-65389-9
定价：270.00元

电话服务　　　　　　网络服务
客服电话：010-88361066　机　工　官　网：www.cmpbook.com
　　　　　010-88379833　机　工　官　博：weibo.com/cmp1952
　　　　　010-68326294　金　书　网：www.golden-book.com
封底无防伪标均为盗版　机工教育服务网：www.cmpedu.com

汤姆·珀维斯

前言

汤姆·珀维斯（Tom Purves），英国皇家汽车俱乐部（Royal Automobile Club）主席，于伦敦蓓尔美尔街（Pall Mall, London）

我在宝马深耕了二十五年。20世纪80—90年代，我在宝马集团（BMW Ltd）相继担任销售总监和市场总监。宝马入主罗孚集团（Rover Group）后，我出任罗孚集团销售总监。自1999年开始的近十年中，我一直担任宝马北美区（BMW North America）总裁和宝马美国控股公司（BMW US Holding Corporation）董事长。最终，在2008年，我成为劳斯莱斯汽车公司（Rolls-Royce Motor Cars Ltd）首席执行官——四十三年前，当我初入汽车行业时，就是在劳斯莱斯的克鲁工厂做见习工程师——如此看来，这无疑是一个完美的职业归宿。

工程师在宝马享有崇高的地位。作为一个从工程师岗位转向销售和市场岗位的宝马人，我窃喜于自己不必为糟糕的设计、开发和制造工作而辩解：尽管我深知宝马的销售人员曾经并不受重视，但我认为，将一件堪称行业典范的产品，以一个衬得上它的价格卖出去，其重要性不亚于任何工作。

作为一家执着前行的发动机制造商——回想一下那赋飞机以翱翔之力的星型发动机，那赋摩托车以重拳之速的"拳击手"水平对置发动机，以及那如丝般顺滑的直列六缸发动机，宝马为第二次世界大战后的运动轿车发展做出了不可磨灭的贡献，它的创新之光从不曾熄灭。惊艳1930年代的轻量化跑车328、引领1970年代的先进数字化发动机管理系统，以及闪耀1980年代的精妙摩托车前叉，这些都是展现宝马创新之灵的绝佳范例。

在托尼·卢因邀请我为本书撰写前言时，我开始思考一个问题：助力宝马在百年历程中取得卓越成就的核心因素到底是什么？我曾荣幸地与埃伯哈德·冯·金海姆、毕睿德、约阿希姆·米尔贝格、赫尔穆特·潘克和诺贝特·赖特霍费尔这五位宝马发展史上举足轻重的掌舵者共事——他们都专注于宝马的长期发展，并秉持一个准则：在管理层中，无论贡献多大，你的个人利益都不能凌驾于集体利益之上。宝马的管理层中从未充斥自满的情绪：每个人都克己奉公，时刻如宝马发动机般高效。这些宝马人从未忘记自己的使命——他们领导着一家拥有辉煌历史的汽车公司。我们坚信，只要造出最好的汽车，就会赢得消费者的心——这正是宝马屹立百年的成功之道。

目录

前　言

第1章	始于蓝天	9
第2章	飞翔之力	19
第3章	六缸之力	25
第4章	水平对置传奇	35
第5章	战火中淬炼	45
第6章	以小见大	57
第7章	匡特时代	63
第8章	梦幻之旅：宝马概念车	75
第9章	冯·金海姆时代（一）：荣耀之路	87
第10章	性能、表现与艺术	101
第11章	冯·金海姆时代（二）：焕然一新	109
第12章	后水平对置时代	119
第13章	以M之名	127
第14章	冒险与不幸	145
第15章	从低谷到巅峰	161
第16章	解锁Mini风潮	179
第17章	世界上最好的汽车	193
第18章	勇往直前	201
第19章	塑造未来	223
第20章	下一个百年	231

译者后记　238
参考文献和拓展阅读　240

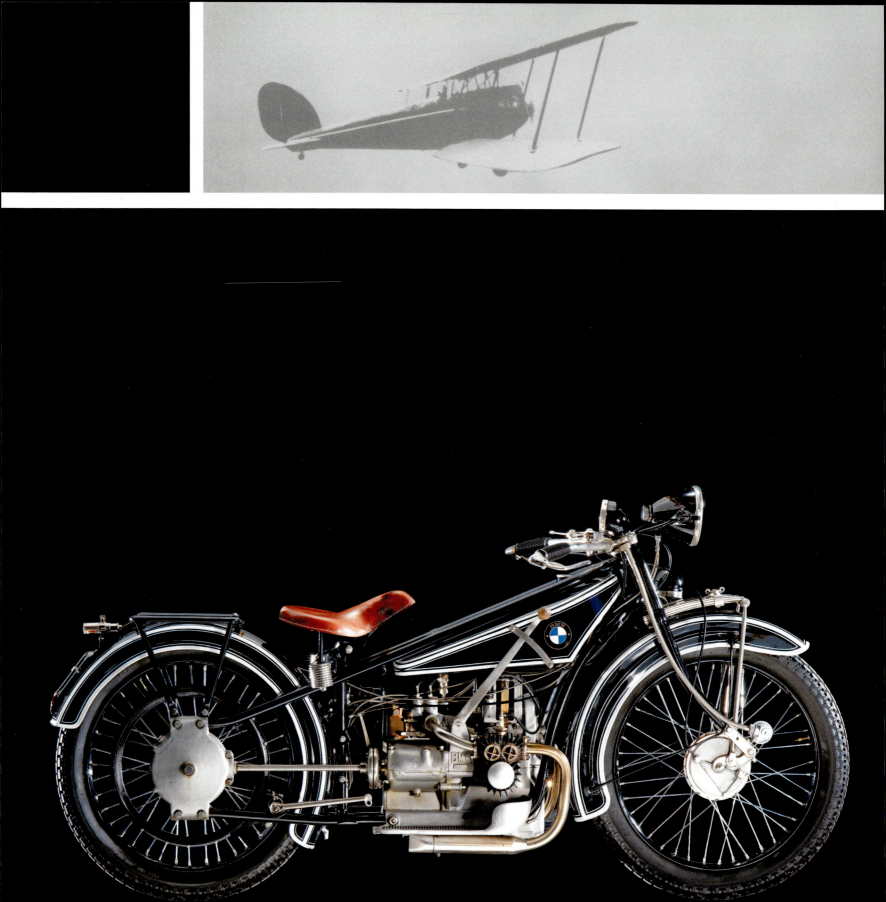

第 1 章

始于蓝天

宝马总是喜欢做些与众不同的事，在宝马这个名字和蓝天白云标志诞生前便是如此。

大部分 20 世纪初发迹的汽车制造商，都在满足大众日益旺盛的出行需求上取得了令人瞩目的成就。其中一些有着丰富资源的汽车制造商，在 19 世纪末便开始制造自行车，然后是装有辅助驱动装置的自行车，接着是摩托车和轻型汽车，最后就是装有内燃机、转向机构和制动装置的真正意义上的汽车。当然，也有些汽车制造商，例如伯明翰轻武器公司（Birmingham Small Arms Company，BSA，国内称"三枪"）、斯柯达（Škoda）和霍希（Hotch），拥有不尽相同的发展轨迹，它们最初是武器制造商，后来才加入摩托车和汽车生产大军。

而说起宝马，我们要讲的就是一个非同寻常的故事了。这家公司在羽翼未丰时便投身需要顶尖设备和成熟技术的工业制造领域，其促因并非旺盛的市场需求，而是实实在在的生存危机——在第一次世界大战的西线空战中，宝马的航空发动机制造业务正式启动。

一型合格的航空发动机要具有尽可能高的功率和尽可能轻的重量，在极限状态下也要有出色的可靠性。因此，宝马的第一批工程师们必须积极探索精密的工程方案、特殊的材料和具有创新性的制造技术。这一过程中，对产品质量和性能的考虑，要多过对生产成本和便利性的考虑。正是这种一丝不苟的工程态度，使宝马在 20 世纪逐渐崛起：从标志性的 R32 摩托车，到第二次世界大战前搭载六缸发动机的 328 跑车，还有 1961 年面世的"新级别轿车"（Neue Klasse）。宝马推出了一款又一款近乎完美的产品，到 2005 年，它已经发展成为全球豪华汽车品牌中的领头羊。

发动机制造商、飞机制造商与贸易商

1917 年诞生的巴伐利亚发动机制造厂（Bayerische Motoren-Werke），即宝马公司的前身，业务涉及发动机制造、飞机制造与商品贸易领域，其渊源可追溯至第一次世界大战前。身为工程师的卡尔·弗里德里希·拉普（Karl Friedrich Rapp），在慕尼黑开设了一家航空发动机制造厂——厂房紧邻飞机制造商古斯塔夫·奥托（Gustav Otto）的工厂。而这位古斯塔夫·奥托，正是尼古拉斯·奥古斯都·奥托（Nikolaus August Otto）——四冲程内燃机发明人的儿子。起初，拉普为奥托供应自己设计的航空-船舶两用四缸水冷发动机。不久后，受惠于一个利润丰厚的战时分包合同，拉普的工厂承担了费迪南德·保时捷（Ferdinand Porsche）设计的奥地利-戴姆勒（Austro-Daimler）V12 航空发动机的生产任务。1916 年 7 月 3 日是官方认定的宝马诞生日。这一天，奥托的公司重组为巴伐利亚飞机制造厂（Bayerische Flugzeug Werke AG）。次年，拉普的航空发动机厂更名为巴伐利亚发动机制造厂（Bayerische Motoren-Werke GmbH）。1922 年，两家以"巴伐利亚"为名的制造厂合并，重组为宝马公司（BMW AG）。

启航之地：古斯塔夫·奥托的飞机制造厂位于慕尼黑的奥伯维森菲尔德机场，今天的宝马总部仍然位于这里

这一历史性事件的促成，要拜两个关键人物所赐：弗朗茨·约瑟夫·波普（Franz Josef Popp），一位才华横溢的工程师，年仅32岁便能从容地游走于维也纳的军政圈和金融圈，以及卡米洛·卡斯蒂廖尼（Camillo Castiglioni），一位传奇的维也纳金融家。波普在宝马公司的初创阶段扮演了至关重要的角色，但1942年的一次有关航空发动机生产配额的问题，使他与德国空军交恶，最终被迫退出宝马公司决策层。卡斯蒂廖尼精明的交易手段，使宝马公司在早期扩张中获得了充足的资金。甚至在1929年退出决策层前夕，他还帮忙敲定了生产奥斯汀7型（Austin 7）轿车的关键协议。

由于早期生产的航空发动机并不成功，在波普的劝说下，拉普聘请了马克思·弗里茨（Max Friz）作为自己的工程师。实际上，后者曾与拉普在斯图加特（Stuttgart）的戴姆勒公司共过事。弗里茨在工程制造方面天赋异禀，参与过大奖赛（Grand Prix）赛车和航空发动机项目，他为宝马公司打造的第一型发动机就取得了巨大成功——这也是第一型镶嵌着蓝天白云标志的宝马产品。

在戴姆勒公司工作时，弗里茨就已经开始设计这型名为IIIa的六缸发动机。这型发动机的初装对象，实际上是大名鼎鼎的福克（Fokker）D.VII战斗机，也正是它赋予了福克战斗机优异的机动性能，使后者藉此跻身第一次世界大战优秀战斗机之列。值得一提的是，由于采用了特制的化油器，IIIa

三叉戟：胸怀鸿鹄之志的工程师卡尔·弗里德里希·拉普（左），宝马联合创始人；远见卓识的弗朗茨·约瑟夫·波普（中），宝马初创阶段的领袖；发动机领域的天才马克思·弗里茨（右），宝马高海拔航空发动机和"拳击手"水平对置双缸发动机之父

发动机的高海拔性能出类拔萃，这为它的一众"后辈"们在和平年代打破一系列飞行纪录奠定了坚实的基础。

IIIa 发动机的成功，无疑展现出宝马对先进技术与新型材料的不懈追求，直到 21 世纪，这依旧是其产品设计的精髓。然而，这型发动机投产之初却曾面临无厂房可用的困境：遵照分包合同制造的奥地利 - 戴姆勒 V12 发动机占用了位于奥伯维森菲尔德机场（Oberwiesenfield）的所有生产设施（今天的宝马总部仍然位于这里），而新的装配车间还要几个月时间才能准备妥当。好在，宝马用 IIIa 发动机的性能说服了德国空军，后者同意将生产 V12 发动机的任务转交给欧宝公司（Opel）。这样，宝马总算为 IIIa 发动机腾出了宝贵的生产厂房和资源。

1918 年第一次世界大战结束后，受制于《凡尔赛条约》，宝马不得不重组旗下业务，远离与军方相关的一切，包括停止生产航空发动机。此后，随着拉普和奥托相继离开，宝马开始生产铁路制动器，IIIa 发动机也被改造为用于工业和农业生产的民用四缸机。与此同时，弗里茨并没有彻底放弃，他

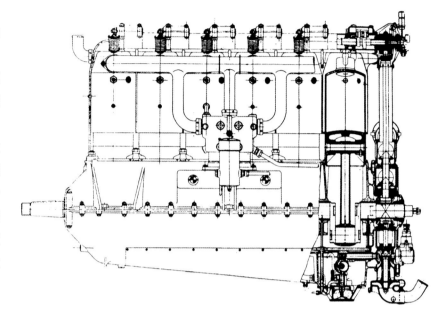

▲ 马克思·弗里茨研发了宝马 IIIa 和 IV 两型具有优异高海拔性能的直列六缸发动机，助力试飞员弗朗茨·泽诺·迪默于 1919 年创造了 9760m 的飞行高度世界纪录

▲ "打破飞行高度纪录"是宝马初创期广告中的必备"噱头"

一直在暗地里尝试改进Ⅲa发动机和由其衍生而来的Ⅳ型发动机，以期进一步提高两者的高海拔性能。在他看来，《凡尔赛条约》虽然禁止了航空发动机的生产工作，但并没有明确限制开发新技术或改进现有发动机。

事实证明弗里茨的付出是值得的。1919年6月，试飞员弗朗茨·泽诺·迪默（Franz Zeno Diemer）驾驶着搭载宝马发动机的飞机开展了一系列打破海拔高度纪录的飞行活动。这些成就在很大程度上提升了宝马品牌在德国飞机制造业，乃至民众心中的地位。然而，令人不安的情况依旧存在，军方合同全部取消后，产能过剩问题困扰着德国甚至整个欧洲大陆，战后产生的通货膨胀极有可能进一步恶化，导致严重的经济危机。依靠小额制造业分包合同，同时抱着对航空产业恢复生机的坚定信念，宝马前进的步伐并没停滞。实际上，波普——作为当时的公司领袖——心中正孕育着一项宏伟的计划，旨在为宝马公司构建三个真正稳固的主营业务模块。他的方案是继续生产有利可图的工业发动机，静待航空发动机制造业的复苏，而现阶段还可以通过研发摩托车来充实公司的业务——这一举措自然也加快了宝马向汽车市场进军的步伐。出自弗里茨之手的全新小型工业发动机问世后，宝马敲开了摩托车制造业的大门。为简化结构，保证平衡性和冷却性能，弗里茨选择了风冷水平对置500cc（0.5L）双缸方案——这就是著名的初代"拳击手"（Boxer）发动机，它为宝马摩托车赢得了无尽的赛道荣耀，同时也使宝马在商业上一鸣惊人，市场影响力大幅提高。

1919年，由于研发进度领先于自家的摩托车产品，"拳击手"发动机首先配装了其他公司的摩托车。开始是维多利亚公司（Victoria）的摩托车，而后是太阳神公司（Helios，该公司于1922年与巴伐利亚飞机制造厂一同并入宝马公司）的摩托车。其中，后者的产品采用了发动机纵置布局，在弗里茨看来，这会使水平对置双缸发动机的一个气缸处于被风面，导致该气缸因冷却不足而过热。于是，他在宝马的摩托车上改进了相关设计。

如今，你很难想象宝马R32摩托车在1923年的巴黎车展上给人们带来了多大的震撼。作为迈向未来的大胆一步，R32以现代化的工程技术，彻底颠覆了起源于19世纪的自行车制造技术，它就像1955年的雪铁龙DS（Citroën DS）、

1959 年的奥斯汀 Mini（Austin Mini），或宝马在 2013 年推出的 i8 一样，引领了汽车制造业的发展潮流。随着 R32 的面世，摩托车制造业迎来了新纪元，而摩托车也真正蜕变为一种拥有独立设计语言的集成化工业产品。一夜间，摩托车制造商们挤破了零配件供应商的大门，一台台凝聚了早期工业生产链精华的"速度机器"争相驶下生产线。以上，只是那个"疯狂"时代的一个注脚。

弗里茨的贡献不仅在于发动机本身，他开辟了将水平对置双缸发动机横置的先河，这一技术方案如今依旧铭刻在宝马 R 系列摩托车的基因中。此外，他还将发动机、变速器和其他重要辅助装置集成在一个铸铝壳体内，大幅提高了动力-传动系统的紧凑性。更重要的是，得益于发动机曲轴与摩托车后轴处于同一直线上，只需一根传动轴就能实现后轮驱动，避免了采用链传动或带传动方式带来的烦恼。

承载着弗里茨设计的动力-传动模块的，是一副同样巧夺天工的车架。一个三角形框架包拢着动力-传动模块，它的三个顶点之一恰好位于后轮中心位置。黑色车架上喷涂着白色条纹，同时镶嵌有承载传统荣耀的蓝天白云标志。上述设计的优势不言而喻——R32 整体看起来简洁大气，优秀的机械结构布局降低了它的重心，而较低的坐姿也便于更多人骑乘。在可靠性方面，R32 更加出色，它采用了封闭式阀动装置和湿式油底壳，而非全损耗润滑系统，极大提高了发动机的易维护性。

与同期其他 500cc 摩托车相比，尽管 R32 的售价略高，但它的吸引力是任何追求逐风之乐的人都难以抗拒的，市场销量就是最好的证明。R32 问世后不久，宝马便又推出了一系列升级产品和衍生产品，包括搭载顶置气门水平对置发动机的运动车型，甚至还有一款搭载单缸发动机的车型——它仍然采用轴传动方式。随后，风头正盛的宝马赢得了摩托大奖赛的冠军，而工程师兼车手恩斯特·亨纳（Ernst Henne）则驾驶着宝马摩托车夺得了"世界最快摩托车"的称号。此时，宝马通过采用不同的发动机来区分旗下产品的市场定位。发动机的性能在不断改进，但基本架构得以延续，而管状车架也为所有车型所共享。这奠定了宝马摩托车和汽车的一个传承至今的特质——尽管外表大同小异，但内部可能已是乾坤大变。

在推进摩托车业务的同时，弗里茨与设计部门的同事们就新一代航空发动机的设计方案达成了共识，以便在1925年恢复生产，他们还将进入汽车产业的设想转变成了远期目标。

那段时间，宝马测试了由著名空气动力学家伍尼巴尔德·卡姆（Wunibald Kamm）设计的先进轻型汽车原型车。

▽ 赫伯特·奥斯汀爵士（Sir Herbert Austin）正坐在小巧的奥斯汀7里，这款轿车是宝马生产的首款汽车——Dixi的原型车

然而，公司董事会似乎对这个新车型不以为然。1928年7月，新车型项目被彻底搁置。有人推测，这恐怕要归咎于一些董事会成员的"消极影响"——这些人大多兼任了1926年成立的戴姆勒-奔驰公司（Daimler-Benz）的董事，他们可能担心宝马的乘用车业务对戴姆勒-奔驰造成影响。

最终，宝马还是决定进军汽车制造业，只不过不会与戴姆勒-奔驰竞争。宝马的目标是造出一台高品质小型车，而且优先考虑的是承接某家公司成熟车型的生产工作。

1928年10月，宝马收购了位于慕尼黑以北约400km的艾森纳赫的迪克西工厂（Dixi）。当然，如果宝马公司的董事们能预知12个月后华尔街的全面"崩塌"，以及随后爆发的经济大萧条，也许就会有完全不同的决定。迪克西工厂此前与英格兰的奥斯汀公司签订了奥斯汀7型四座轿车的生产许可协议，其轻量化版在德国称为迪克西DA1，自1927年12月推出后取得了不错的市场反响。这一切正是波普和宝马想要的。

对宝马而言，这是完美的一步，公司得以将管理和工程

方面的经验运用到汽车生产中,而这正是迪克西 DA1 所缺少的——虽然这款车有着引人瞩目的设计理念和十足的技术创新性,但受限于成本,很多细节仍然略显粗糙。1929 年初,宝马对 DA1 的车身、车窗以及制动系统进行了改进。同年夏天,从外观到内构都脱胎换骨的 DA1,车头终于嵌上了宝马的蓝天白云标志。

不过,弗里茨对奥斯汀的基础硬件仍不满意。在 DA1 的改进工作中,他设法采用了独立前悬架,并为发动机换装了新的顶置气门。与此同时,DA1 被重新命名为 3/15,以表明重要的工程更新。即使经济大萧条已经逼近,宝马仍然坚信自己更加现代化的新车型将取得不逊于 DA1 的市场成绩。1931 年,弗里茨提出了一款搭载双缸两冲程发动机的前驱车型设计方案,但测试结果令人大失所望。随后,他辞职转投戴姆勒-奔驰。波普不得不重组研发团队,并敦促他们尽快拿出一个完全摆脱奥斯汀痕迹的全新设计方案。到 1932 年中旬,宝马全新的 AM-1(AM 即 Automobile München,慕尼

▲ 宝马官方摩托车手兼开发工程师恩斯特·亨纳与他 20 世纪 20 年代创造行驶速度纪录时所驾驶的摩托车

1930 款宝马 3/15 DA3 在原版奥斯汀的基础上进行了全面改进

▲ 1932 年,配装顶置气门发动机和新型底盘的 3/20 取代了 3/15

◀ 一辆早期款 Dixi,可见其基于奥斯汀设计的车身相当狭窄——即使以当时的标准来衡量也算不上宽裕

▼ 与"弱不禁风"的奥斯汀 7 和 Dixi 相比,3/20 的技术更先进,造工也更精致

黑型汽车,宝马内部代号)已经准备就绪。3/20 是 AM-1 的正式型号,它拥有全新的底盘、四轮独立悬架,以及原本由戴姆勒-奔驰打造的全钢车身。比 3/15 大了一号的 3/20,很快就使宝马的销量稳步攀升。凭借大空间和精良造工,3/20 广受赞誉。但很多苛刻的车评人却认为它的操控性还不够"惊艳"——这个问题如今看起来多少有些令人诧异,毕竟,优异的操控性如今正是宝马品牌的立足之本。

阿尔弗雷德·博宁(Alfred Böning)领导的工程团队没有止步于此,他们继续推进 3/20 的改进工作。在将变速器档位数提高到四个后,受 3/15 销量的鼓舞,博宁开始努力提升奥斯汀发动机的性能。鲁道夫·施莱歇(Rudolf Schleicher)于 1931 年离开了豪华汽车制造商霍希,成为宝马发动机测试部门的负责人。他建议,与其开发一型全新的四缸发动机,不如为既有的奥斯汀发动机再增加两个气缸,将排量提升到 1.2L,相应地,功率也能提升到 22kW(30hp)。1933 年 2 月的柏林车展上,搭载直列六缸发动机的宝马 303 首次亮相。

平淡无奇的直线条车身并不能埋没 303 的价值,它之于宝马具有里程碑式的意义——凭借加长的发动机舱,303 成为宝马当时最大的车型,同时也是第一款搭载直列六缸发动机的车型。此外,它还首次采用了与蓝天白云标志相得益彰的双肾形进气格栅——这如今已经是宝马最具标志性的设计元素。随着一系列打破常规的举措接踵而至,宝马的传奇故事才刚刚开篇。

第2章

飞翔之力

宝马Ⅲa，1917年：起飞

宝马公司生产的第一型航空发动机所具有的重要价值，并不只在于它是第一次世界大战中性能最好的航空发动机之一，更重要的是，它直接推动了宝马公司的成立。

1913年，卡尔·弗里德里希·拉普在慕尼黑成立了拉普发动机制造厂（Rapp Motoren-werke）。然而，事实证明他设计的Ⅲ型发动机并不成功。1917年，拉普将马克思·弗里茨收入麾下，在后者的主导下，新型发动机的开发工作稳步推进。尽管弗里茨的新型发动机选用了与Ⅲ型发动机相同的直列六缸结构，但性能表现要比后者优秀得多。不久后，拉普退休，他的制造厂随即更名为巴伐利亚发动机制造厂，弗里茨设计的发动机则正式定型为Ⅲa，并于1918年初投入量产。

这型排量19.1L的直列六缸水冷发动机采用了铝质曲轴箱和活塞，整体重量非常轻，运行平稳，最大输出功率达201hp（150kW）。它采用气缸盖与气缸体一体式结构，省去了气缸垫。气门由一个顶置凸轮轴控制开闭，而凸轮轴由曲轴通过垂向连杆驱动。

拥有突破性设计的Ⅲa型发动机能完美适应高海拔环境，其压缩比达到6.4∶1。特制的高海拔化油器由3个混合室、3个混合气喷口和5个阻风门构成。飞行员能通过驾驶舱里的两个操纵杆将发动机设置为低空模式或高空模式。高海拔飞行性能对获得空战优势十分重要——福克D.Ⅶ战斗机配装Ⅲa型发动机后，使协约国军队的飞机在飞行性能上难以望其项背。

宝马Ⅳ，1917年：排量更高，飞得更高

宝马Ⅲa无疑是第一次世界大战期间最好的航空发动机之一，因此它的姗姗来迟对协约国而言反倒是一件好事。1919年9月，宝马研发的第二型航空发动机创造了一项载人航空领域的世界纪录——试飞员弗朗茨·泽诺·迪默驾驶由这型发动机驱动的容克F.13单翼客机（Ju F.13），载着8个人飞到了海拔6750m的高度。

在此之前，1919年6月，迪默刚刚驾驶着DFW F37/Ⅲ单座双翼机飞到了海拔9760m的高度，打破了飞行高度世界

纪录。上述两型飞机都配装了宝马Ⅲa型发动机的升级型——Ⅳ型发动机，它同样采用水冷形式，性能进一步强化，最大输出功率提升到241hp（180kW）。为创造飞行高度世界纪录，迪默驾机爬升了足足87分钟，平均爬升率为113m/min。相比之下，如今由欧洲多国（包括英国、德国和法国）合作研制的台风战斗机（Typhoon），平均爬升率已经达到19777m/min。

宝马Ⅵ，1926年：第一型V12发动机，闻名世界

1918年德国战败，《凡尔赛条约》限定宝马公司在1922年前不能生产航空发动机，Ⅲa型和Ⅳ型发动机的生产工作要到1923年才能恢复。而此时的世界航空产业正处于飞速发展阶段，市场对高性能动力系统的需求日益旺盛。为此，1924年，弗里茨在德国高层的授意下研发了一型排量46.9L、采用60°气缸夹角的V12发动机，其最大输出功率为644hp（480kW）。这就是宝马公司历史上第一型V12发动机——宝马Ⅵ。这型V12发动机以原有的直列六缸发动机为基础，采用了一种颇为先进的设计理念，即今天所谓的"模块化可扩展"（modular and scalable）理念。Ⅵ型发动机的生产始于1926年，它很快就成为市场上的标杆产品。1932年初，Ⅵ型发动机首次配装齐柏林火车（Schienen Zeppelin）——这是一辆类似于齐柏林飞艇（Zeppelin airship）的试验性高速火车。1931年6月21日，齐柏林火车以230.2km/h的行驶速度，打破了燃油动力火车的最高行驶速度世界纪录——它当时配装的是两台Ⅳ型发动机。更令人振奋的是，沃尔夫冈·冯·格罗瑙（Wolfgang von Gronau）驾驶着一架配装Ⅵ型发动机的多尼尔"鲸"水上飞机（Dornier Wal），从德国的叙尔特岛（Sylt）出发，途经冰岛（Iceland）、格陵兰岛（Greenland）和拉布拉多（Labrador），最终飞抵纽约（New York），耗时47小时，开辟了跨北大西洋空运航线。

1932年，格罗瑙驾驶另一架多尼尔"鲸"水上飞机完成了环球飞行。这架飞机配装宝马Ⅶ型发动机，以及一套传动比为0.62的减速齿轮机构，由螺旋桨驱动。1933年，宝马以Ⅶ型发动机为基础，首次开展了有关燃油直喷系统的研究。

宝马132，1932年：汉莎航空公司成为宝马星型发动机的忠实用户

1929年，宝马购买了普拉特&惠特尼公司（Pratt & Whitney）"大黄蜂"系列星型发动机（Hornet and Wasp）的生产许可。这项交易于1931年因故中止，但1932年事情又发生了转机。容克公司（Junkers）发布了新型民航客机——Ju 52，它最初搭载3台容克Jumo发动机。然而，容克公司当时的主要客户——汉莎航空公司（Lufthansa），却坚持要求采用宝马生产的星型发动机。宝马迅速反应，重新与普拉特&惠特尼公司签订了专利转让协议，以该公司的R-1690"大黄蜂"星型发动机为基础，推出了27.7L排量的九缸132型发动机。星型发动机不同于第一次世界大战期间诞生的转缸发动机——它的主体结构是静止的，与直列发动机一样，曲轴进行旋转运动，而转缸发动机的主体结构是围绕固定曲轴旋转的。

Ju 52搭载的民用版132型发动机采用了带化油器的燃油供给系统。同时，宝马还生产了燃油直喷版的132型发动机用于试验。多个版本的132型发动机构成了一个庞大的家族，最大输出功率从715hp（533kW）覆盖到947hp（706kW），其中动力最强劲的当属燃油直喷版。除Ju 52外，132型发动机还配装了众多第二次世界大战期间的军用飞机，其中包括Ju 86轰炸机、阿拉多（Arado）Ar 196水上飞机和福克-沃尔夫（Focke-Wulf）Fw 200侦察/巡逻机。1939年战争爆发

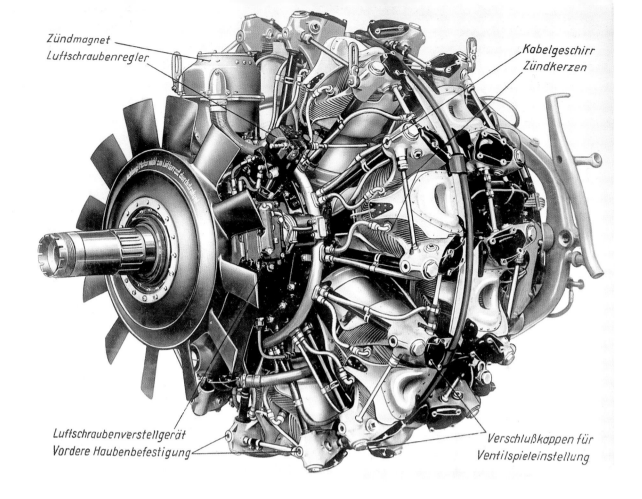

前，首次完成从柏林到纽约的直飞航班的 Fw 200 Condor S-1 客机，也配装了 4 台 132 型发动机。

宝马 801，1939 年：战火中淬炼的双排星型发动机

第二次世界大战中，性能优异的福克-沃尔夫 Fw 190 战斗机是最令人生畏的战争机器之一，它搭载了宝马当时最好的航空发动机——801 型双排星型十四缸风冷发动机，其战时总产量达到 28000 台。

1939 年，宝马收购了竞争对手布拉莫公司（Bramo），801 型发动机实际上是宝马 139 型发动机与布拉莫 329 型发动机的融合型，后两者都是 1935 年由德国航空部资助研制的。令人不解的是，集充钠排气门和燃油直喷系统等先进技术于一身的 801 型发动机，在同时代直列发动机都已经开始采用更高效的四气门配气机构的潮流下，仍然固执地采用了两气门配气机构。

801 型发动机于 1939 年面世，最初包括 801A 和 801B 两款，主要配装双发飞机。这两款发动机都配有齿轮传动机构，能使双发飞机的两侧螺旋桨相向旋转，以抵消旋转力矩。后续推出的 801C 采用了新型冷却系统，并首次配装 Fw 190 战斗机。

随着战事的推进，801 型发动机也在不断进化。搭载 801 型发动机的 Fw 190，与搭载罗尔斯-罗伊斯梅林发动机（Rolls-Royce Merlin）的老对手——英国喷火战斗机（Spitfire），都在激烈的较量中不断成长。这一时期，宝马对 801 型的机械增压器进行了改进，使其最大输出功率提升到 2400hp（1790kW），高海拔性能进一步增强。除 Fw 190 外，801 型还搭载于很多军用飞机，其中就包括令人闻风丧胆的 Ju 88 双发轰炸机。

宝马 803，1942—1944 年：二十八缸怪兽

继 801 型发动机之后，宝马又孕育了一个雄心勃勃的项目——803 型发动机，它将两台 801 型发动机连接在一起，并改用水冷形式。这型发动机旨在为福克 - 沃尔夫 Ta 400 远程轰炸机，以及其他多发飞机和单发战斗机提供动力。

为避免采用单个长曲轴结构带来的可靠性问题，803 型的结构异常复杂。801 型本就是双排十四气缸的"大家伙"，803 型更进一步，将二十八个气缸分为四排，每两排共用一个曲轴，两个曲轴同轴布置。大型齿轮箱位于整台发动机前部，后两排气缸的曲轴通过空心轴驱动后螺旋桨（此处指共轴反桨，即两具螺旋桨共轴安装，旋转方向相反，译者注），前两排气缸的曲轴从空心轴中穿过，驱动前螺旋桨。

设计两个独立曲轴面临的一项挑战是如何高效地驱动发动机附件，其中最重要的就是机械增压器，它要消耗数百马力功率。工程师们最终决定以后两排气缸的曲轴驱动机械增压器，这虽然导致后螺旋桨的输入功率有所减小，但整台发动机的总输出功率还是达到了近乎恐怖的 3847hp（2869kW），这也使它成为迄今为止德国制造的最强劲的活塞发动机。然而，803 型发动机的重量太大了，在推重比上相较同期发动机反而毫无优势，因此它并没能投入量产。随着第二次世界大战的局势发展，德国也没有飞机需要这样的"怪兽"来驱动了。

宝马 003，1944 年：第一台喷气发动机终结活塞时代

来自英国的弗兰克·惠特尔（Frank Whittle）和德国的汉斯·冯·奥海恩（Hans von Ohain）都是世界公认的喷气式发动机发明者。1930 年，惠特尔注册了离心式喷气发动机的设计专利。六年后，奥海恩注册了轴流式喷气发动机的设计专利。德国人后来居上，奥海恩的发动机率先于 1939 年装机并首飞成功，而惠特尔的发动机直到 1941 年才装机首飞。最终，第二次世界大战结束后，轴流式喷气发动机成为绝对主流，为发动机制造商所广泛采用。

宝马 003 型喷气发动机采用七级压缩机，其环形燃烧室中有 16 个燃烧器。1940 年，003 型接受了首次装机测试——工程师将一台 003 型发动机装到了一架梅塞施密特（Messerschmitt）Bf 110 双发战斗机的机身底部。令人失望的是，它只能产生 150kg 的推力——仅仅是预期值的 1/2。由于制造喷气式发动机需要使用大量的高纯度稀有金属（例如镍、钴和钼），而这恰恰是德国最匮乏的资源，003 型的研发进展相当缓慢。

第二次装机测试选择了一架改装过的梅塞施密特 Me 262 双发喷气式战斗机（该型机当时也处于研发测试阶段，译者注）。为避免两台 003 型出现故障导致严重事故，这架测试飞机的机首还加装了一台 801 型发动机作为备份动力源。遗憾的是，测试过程磕磕绊绊，这架 Me 262 真的是靠着那台 801 型发动机才得以安全返回机场。当然，宝马并没有因此放弃喷气式发动机的研发工作。经过 1943 年的一系列成功测试后，003 型发动机总算在 1944 年实现了量产。

但糟糕的可靠性最终葬送了这型发动机：量产型 Me 262 放弃了 003 型发动机，改装两台容克 Jumo 喷气式发动机，而坚持使用 003 型发动机的亨克尔（Heinkel）He 162 战斗机和阿拉多 Ar 234C 四发轰炸机，加在一起的产量也不过只有约 500 架。

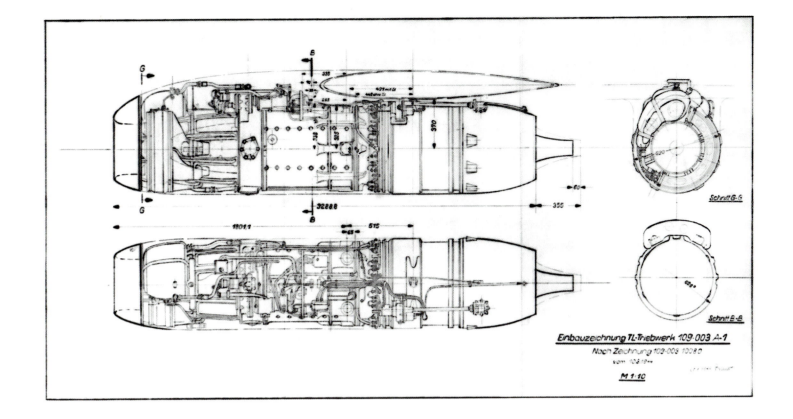

宝马 J79-GE-11A 以及 BR700 系列喷气式发动机

第二次世界大战结束后，宝马相继参与了两个与喷气式发动机相关的项目：第一个是在通用电气公司（General Electric）的授权下生产 J79-GE-11A 涡喷发动机，配装洛克希德公司（Lockheed）的 F-104G "星"（Star）战斗机；第二个是与罗尔斯-罗伊斯公司（Rolls-Royce）合作，生产适用于支线客机的 BR700 涡扇发动机。

在加力燃烧器的帮助下，J79-GE-11A 能产生 8119kg 的推力，足以使 F-104G 轻松达到 2235km/h（约 2.2 马赫）的飞行速度。与 003 型一样，J79-GE-11A 也是轴流式涡喷发动机，其量产时间持续了三十年，多个国家都获得生产授权，配装了多型飞机，仅美国就有 17000 架飞机搭载了它。随着技术的进步，在大型民航客机和运输机上，轴流式涡喷发动机已经完全被更安静、更高效的涡扇发动机所取代。

宝马于 1990 年重返航空发动机制造业，与罗尔斯-罗伊斯公司联合成立了一家合资公司——宝马·罗尔斯-罗伊斯航空发动机有限公司（BMW Rolls-Royce AeroEngines GmbH），主要生产 BR700 系列民用飞机发动机。然而，这家合资公司没能长久，罗尔斯-罗伊斯公司于 2000 年全面接管了它。

在"蜜月期"里，宝马与罗尔斯-罗伊斯主要研发了三型发动机：BR710、BR715 和 BR725。前两型都是双轴涡扇发动机，BR710 配备了直径为 1220mm 的单级风扇，由两级涡轮驱动，BR715 则配备了由三级涡轮驱动的 1321mm 直径风扇。BR725 专为湾流宇航公司（Gulfstream Aerospace）的 G650 公务机设计，具有三级轴流式低压涡轮和 1270mm 直径风扇，能产生 7711kg 推力。

第 3 章

六缸之力

1933 年是德国工业发展的一个转折点。但对整个国家而言，这又是至暗的一年，整个世界的形势也将就此改变：阿道夫·希特勒年初夺取了政权，在接下来的十余年里，人类将因此而遭受前所未有的涂炭。在德国国内，纳粹统治初期，商界领袖们不得不对希特勒惟命是从。

满足大众出行需求和制造"大众汽车"一直是希特勒国民计划中的重点。刚刚入主总理府两周，他便下令举办了柏林车展（Berlin Motor Show）。展会上，一辆辆光鲜闪亮的新款汽车，完美契合了希特勒的愿景——技术驱动未来——汽车产业将成为德国工业发展的主动力。几天后，希特勒召集了德国当时的五家主要汽车制造商掌门人，向他们宣布了自己国民汽车计划的四项关键举措，宝马公司的弗朗茨·约瑟夫·波普正是这些掌门人中的一员。

尽管希特勒的语调多少有些令人生畏，但对这些掌门人而言，他标志性的嘶吼却反而有如一首美妙的乐曲。持续几年的紧缩政策导致德国汽车销量停滞不前，低迷的经济状况使汽车行业前景黯淡无光，国民汽车计划的关键举措之一——取消汽车产业税，无疑给汽车产业注入了一针强心剂。更重要的是，"国家社会主义"（National Socialist）为产业发展提供了长期保障——稳定的政权和持久的政策永远是资本所青睐的——要知道，过去十年，在魏玛政权（Weimer

> 德国的高速公路（Autobahn）成为追求逐风之乐的理想场地

> 328 跑车在设计风格、制造工艺和动力性能方面都实现了前所未有的突破

▲ 1933年问世的303是宝马第一款采用六缸发动机的轿车，其排量仅有1.2L（1173cc）

Republic）治下，人们对政策的不确定性和各种权宜之计已经习以为常。

国民汽车计划为德国跻身汽车工业强国之列夯实了基础。而德国成为全球汽车工业的领导者，也是第三帝国恐怖统治下结出的少量硕果之一，这是直至今日也不可否认的事实。所谓的国民汽车计划大致包括：建立起连接德国各个地区的高速公路网，这或许更像是希特勒与另一个独裁者墨索里尼（Mussolini）间的"私人恩怨"——后者在意大利发起了相似的建设计划；大力推进汽车赛事相关设施的建设，典型成果就是坐落于艾费尔高原（Eifel）的纽博格林赛道（Nürburgring）。此外，直接受益于这一计划的还有汽车零部件产业，特别是发动机制造商。马力税的取消使汽车动力技术发展摆脱了束缚，因为只有更快的速度才配得上发达的高速公路网。发动机技术突飞猛进，制造商们名利双收。德国的出口贸易也因此而焕发出新的生机，像美国这样热衷大马力汽车的市场，自然而然地成为"德国制造"的倾销地。

不知是机缘巧合还是确有先见之明，多年来一直靠着"压榨"奥斯汀微型四缸发动机"维生"的宝马公司，在国民

▲ 1934年，搭载1.5L六缸发动机的315取代了303

汽车计划公布前夕突然燃起了斗志，启动了六缸发动机的研发计划，作为新一代中型（而不是小型）乘用车的"心脏"。1933年2月的柏林车展上，宝马303的原型车首次公开亮相。在精致的双肾形进气格栅、悦目的蓝天白云标志和动感的导风翼的点缀下，宝马303看起来格外优雅动人。它是宝马有史以来第一款六缸车，而六缸发动机也将在接下来的几十年里，成为一代代宝马经典车型的基石，化作蓝天白云标志的代名词。

对宝马而言，推出一型能输出30hp（22kW）的1.2L（1173cc）发动机并不算多大的成就。因此，工程师弗里茨·菲德勒（Fritz Fiedler）和阿尔弗雷德·博宁（Alfred Böning）提前做好了升级计划（后续工作由来自霍希的鲁道夫·施莱歇接手），他们刻意加大了这型发动机的气缸间距，为日后的扩缸改进留下了足够的冗余。303的轴距相对宝马既往车型大幅增加，这使它的发动机舱显得更加修长，乘坐空间也变得更加宽敞。为回应一些媒体和客户对老车型转向反馈感受的抱怨，宝马对303的悬架几何结构进行了更为复杂化的设计，还为它配上了液压制动器和齿轮齿条式转向机构。然而，由于前后悬架弹簧特性不匹配，早期款303化解路面颠簸的能力并不出众。尽管如此，不可否认的是，一颗闪亮夺目的"新星"正冉冉升起。

新颖的车身造型风格如雨后春笋般涌现，宝马首席设计师皮特·希马诺夫斯基（Peter Schimanowski）功不可没。第一款令人振奋的作品是315/1，它是315的双座敞篷跑车版，搭载了1.5L小型六缸发动机，于1934年取代了303。凭借着极具竞争力的价格，303取得了傲人的销量，这使宝马的年销售额在1932—1934年间增长了一倍以上。然而，303总归显得有些"乏善可陈"。而它的继任者315，无论是轿车版还是敞篷版，在造型和工程设计方面都有了明显的提升。尽管投身汽车制造业仅仅五年时间，315/1双座跑车却已经使宝马在造型设计、运动性能和客户满意度等方面居于行业领先地位。

希马诺夫斯基在315身上勾勒出的潇洒线条，直至今日仍能引起不少共鸣。向后倾斜的双肾形进气格栅和带有侧进

▲ 希马诺夫斯基设计的 315/1 和 319/1 极具时尚感，它们使宝马走上了优雅之路

气口的修长发动机舱盖都运用了流线形设计理念，极具速度感，而倾斜的前风窗玻璃和锥形车尾更是如此。315 低矮的车门赋予驾驶者极佳的侧向视野——当然，这或许只是为了让驾驶者和乘客收获更多路人的侧目。钢质圆盘轮毂（取代老式金属辐条轮毂）与后轮上方的整流罩完美结合，呈现出简洁且极具现代感的外观风格，双色涂装方案则为整车增添了一分优雅气质。

与前辈们形成鲜明对比的是，315/1 并非"外强中干"。它比轿车版 315 更轻，而更高的压缩比和三化油器设计也使它的发动机输出功率提升到 40hp（30kW）。宝马的管理层很快就意识到 315/1 的潜力，搭载 55hp（41kW）1.9L 发动机的新款 315/1 随即问世。与此同时，宝马开始在国际高山赛（International Alpine Trial）等赛事中支持私人车手。

与六缸 315 和 319 携手并进的还有宝马旗下的四缸车型。事实上，309 的成功使宝马在 1934 年一举拿下了德国汽车市场 6% 的份额，领先于戴姆勒-奔驰公司，名列第四位。汽车市场的成功与摩托车市场的旺盛需求，以及希特勒"重新武装计划"（massive rearmament program）催生的大量航空发动机订单，成为宝马这一时期的"动力源"。然而，这同时给汽车部门带来了一些困扰：所有设计和制造设施都集中在公司从迪克西继承来的艾森纳赫工厂（Eisenach），而这家工厂已经处于满负荷运转状态，扩大产能的唯一方法就是投建新工厂。针对这一问题，波普做出了一项重要的战略决策，这将在接下来的一段时间里显著提升宝马的品牌地位：宝马将不会通过投建新工厂扩大产能的方式来寻求进一步发展，而将在车型、动力系统和售价方面向高端市场倾斜，提高单车利润，确保产能总是略低于市场需求量。

德国国内政策的转变直接影响了宝马公司的发展重心，尤其是对负责底盘研发的弗里茨·菲德勒，以及曾在威利·梅塞施密特（Willy Messerschmitt）门下学习车辆与飞行器工程的年轻贵族亚历克斯·冯·法尔肯豪森（Alex von Falkenhausen）而言。菲德勒和冯·法尔肯豪森在工程技术方面所做的贡献，对宝马公司在 20 世纪 60 年代的异军突起产生了决定性影响。这支包括博宁和恩斯特·洛夫（Ernst Loof，他与

▲ 新风格：1937 款 327 双座跑车为宝马树立起优雅而迷人的产品风格

弗里茨·菲德勒（左）、阿尔弗雷德·博宁（中）以及赛车手兼工程师亚历克斯·冯·法尔肯豪森（右）联手打造了宝马的第一代六缸发动机

◁

▲ 326开启了宝马大型轿车的新篇章，它的优势在于拥有刚性更高的底盘、液压制动系统以及齿轮齿条式转向机构

冯·法尔肯豪森一样，曾经是宝马的摩托车手）在内的顶级工程团队，在第二次世界大战前的一段时间里，打造出多款令人耳目一新的车型，其中就包括像326这样拥有多种车身形式的经典型号，当然还有迷人的328双座敞篷跑车——它是汽车史上设计最成功的车型之一。

这一时期的宝马工程师们，已经能以类似今天的"模块化"方式来打造不同车型，他们可以利用的部件包括：具有不同排量和动力参数的六缸发动机；能适应不同车身长度的底盘，基于新底盘制成的车身拥有相较管状车身更高的刚性；新型扭杆后悬架；带有横置板簧的独立前悬架。在宝马设计团队与车身制造厂的通力协作下，各式各样的车身风格层出不穷。这些新生代车型中，在商业上最为成功的要数326，它于1936年初问世，搭载了一台排量接近2L的发动机，能平顺输出50hp（37kW），四档手动变速器带有同步器和自由轮，还标配了液压制动器和齿轮齿条式转向机构。更重要的

是，希马诺夫斯基推出了一种辨识度更高的设计风格——将已经成为标志性特征的双肾形进气格栅与导风翼和发动机舱盖融会贯通。作为326的轿跑版，327更巧妙地利用了低矮的车身外观，它有着延续自发动机舱盖的低矮车顶线条、时尚的前照灯，以及稳定的行驶姿态。327是宝马第一款具有无与伦比的视觉冲击力的硬顶车型，与双座敞篷跑车328同为宝马在第二次世界大战前的经典之作。

下探到四缸车市场的同时，宝马也初步敲开了高端车市场的大门。菲德勒和他的团队推出了搭载3.5L六缸发动机的335轿车，其发动机的特别之处在于采用了直齿轮驱动顶置凸轮轴，而非之前惯用的双链条。335的原型车于1938年首次亮相，次年投入量产，但德国国内的所有乘用车被迫于1941年停产，因此其总产量并不大。

无论是优雅的327，还是奢华的335，给汽车市场带来的冲击都不能与328跑车相提并论。乘着315/1和319/1两款双座跑车热销的东风，波普开始规划更具现代气息的换代车型。首先升级的是2L发动机，其铝合金气缸盖采用了新设计的高热效率半球形燃烧室，为便于顶置凸轮轴驱动，气门推杆、摇臂和挺柱以八字形布置。凭借三化油器设计、7.5∶1的高压缩比，以及超过5000r/min的极限转速，这型发动机在标准状态下便能轻松输出80hp（60kW）。经过不断改进，其输出功率很快提高到了三位数。

328的车架底板表面非常平整，能保证气流从车底平稳流过，与之匹配的则是令人叹为观止的双座敞篷跑车车身。双肾形进气格栅、圆形前照灯、流线形车身，以及时髦的弧形船式车尾，营造出顺滑、优雅的车身线条和比例，同时符合空气动力学设计要求。从任何一个角度看，328都有如一辆公路赛车。两个勒芒样式的皮质发动机舱绑带成为点睛之笔，而低矮的车门使车手在极限条件下仍能有足够的肘部空间，以稳定把控方向盘。

328拥有梦幻般的开局，其原型车在参加第一场比赛时便拔得头筹：1936年6月，在纽博格林举办的艾费尔汽车赛（Eifelrennen）中，由恩斯特·亨纳驾驶的328力压群雄，就连搭载机械增压发动机的赛车都不是它的对手。同年夏末，公路版328开始交付客户。凭借超过150km/h的最高行驶速度，328成了赛场上的"常胜将军"，几乎不费吹灰之力地主

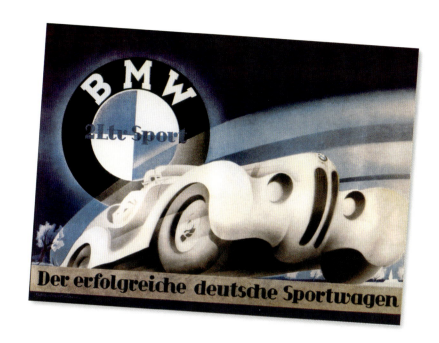

宰了1937年的一系列公路赛、赛道比赛，以及日后广受推崇的爬山赛。在1938年的1000英里耐力赛（Mille Miglia）和德国大奖赛中，328都毫无悬念地摘得组别冠军，同年更是在柏林的阿瓦斯赛道（Avus rennen）上收获了"最快跑车"之名。

1939年，一支使用328的车队参加了勒芒24小时耐力赛，他们拥有一辆特制的流线形车身328和两辆标准版328，前者一举斩获2L组冠军，排在全场第四位，而后两者分列全场第七位和第九位。328的好势头一直保持到战争时期，弗里茨·赫什克·冯·汉斯坦（Fritz Hushke von Hanstein，后成为保时捷赛事总监）驾驶它在1940年的1000英里耐力赛中赢得了全场冠军。

在当时需求强劲的市场环境下，傲人的赛绩对任何品牌和车型而言都是绝佳的广告。然而，328的实际产量（有410辆和462辆两种说法）却很难衬得上它在赛场上的传奇经历。不得不承认的是，即使抛开那些狂热宝马迷们爱屋及乌式的赞美，328之于宝马，乃至整个汽车工业界，都是里程碑式的存在，它彻底颠覆了人们的惯性思维：一款成功的跑车并不需要庞大且沉重的身躯以及"精力过剩"的发动机。328的表现证明了任何拥有精心设计的稳定底盘的汽车，都能兼

▲ 1936年，首次亮相的328运动跑车引起了业界轰动，它拥有令人过目不忘的惊艳造型，一台最大输出功率达80hp（60kW）的2L排量发动机赋予它所向披靡的性能表现 ▶

复杂而精妙的配气机构和三化油器设计是 328 拥有出色性能的关键

顾日常驾驶与赛道竞技需求，在舒适性与极限性能上取得完美平衡。

随着产品力和品牌影响力的不断提升，宝马的民用汽车和摩托车业务都迅速发展壮大。遗憾的是，第二次世界大战的爆发，使这一切美好都戛然而止——宝马开始全天候为德国空军生产航空发动机——汽车业务陷入了前途未卜的境地，公司管理层也丧失了主动权，来自柏林的强制性政治命令主导了一切。

▲ 从 1937 赛季开始，私人车队和厂队的 328 赛车席卷了各项知名赛事，包括勒芒 24 小时耐力赛、阿尔斯特拉力赛（Ulster）和 1000 英里耐力赛。最终版 328 采用了由意大利车身制造商卡罗奇利亚-图灵（Carrozzeria Touring）特制的轿跑车车身

第4章

水平对置传奇

作为宝马摩托车的成功基石，500cc 水平对置双缸发动机的诞生源于工业需求，它最初搭载于巴伐利亚飞机制造厂生产的太阳神摩托车。然而这款摩托车的生命周期非常短暂，在市场上也没能激起半点波澜。所幸，三位才华横溢的宝马摩托车工程师创造性地扭转了颓势，他们尝试将水平对置双缸发动机横置在车架上，使两个气缸都能得到充分冷却。更巧妙的是，他们选择了独特的轴传动形式——发动机动力通过一根传动轴直接传递到后轮，（相对链传动和带传动形式）提高了传动效率。

就这样，第一辆宝马"拳击手"摩托车降临尘世，它给全球摩托车产业带来了巨大冲击，甚至成为此后近一个世纪中所有摩托车的设计模板。宝马所做的当然不仅仅是将水平对置双缸发动机和轴传动形式引入了摩托车制造业，其"集成化"设计理念赋予了产品时尚、流畅的外观，完全消除了杂乱无章的结构和既往的漏油问题，使原本生活得很体面的摩托车爱好者们彻底摆脱了肮脏、油腻的尴尬形象。最重要的是，精巧的工程设计与刻意营造出的轻奢质感，不局限于昂贵的大排量车型，而是在整个摩托车产品线中共享，这种产品理念直至今日依旧盛行。

宝马 R32，1923 年

将 R32 称为摩托车设计领域的里程碑都不足以诠释它的价值。1923 年，R32 的横空出世震惊了业界，人们仿佛看到了一款来自未来的产品：它有着流畅的一体式车架，燃油箱精心布置在水平对置双缸发动机一旁，传动轴直接驱动铸铝后轮毂。这是世界上第一款采用"集成化"设计理念的摩托车。它甫一亮相就令其他产品黯然失色，彻底告别了自行车时代的工程设计理念，为摩托车设计开辟了新天地。尽管发动机功率仅有 6.3kW（8.5hp），但凭借着流畅、整洁的外观和出色的可靠性，R32 迅速收获了一批忠实的簇拥者。R32 对宝马，乃至整个摩托车产业都产生了深远影响，它同时标志着系统化专业工程方法即将成为宝马品牌的立足之本。

宝马 R39，1925 年

R39 是宝马的第一款单缸摩托车，它灵动、时尚的外观显然深受 R32 影响。输出功率为 4.8kW（6.5hp）的 250cc 发动机直接安装在车架上，它是世界上第一型配装顶置气门全封闭式气缸盖的摩托车发动机，宝马工程师们还创造性地将单体合金铸件用于制造曲轴箱和带压入式缸套的气缸筒。难能可贵的是，R39 作为级别相对较低的产品，仍然配装了高级别产品上平顺的免维护轴传动机构，并贯彻了"集成化"设计理念。

宝马 R37，1925 年

R37 是宝马首次面向运动摩托车市场推出的产品，它基于 R32 打造，保留了 494cc 发动机，创新之处在于为发动机换装了顶置气门气缸盖，进而将压缩比提高到 6.2∶1，输出功率几乎翻倍，达到 12kW（16hp，4000r/min）。R37 总重仅 125kg，凭借出色的性能，它首次参加德国大奖赛就助力宝马斩获冠军。在 1926 年于英国举办的国际六日赛（International Six Days Trial）中，青年工程师鲁道夫·施莱歇（Rudolf Schleicher）驾驶着 R37 又为宝马捧回一座冠军奖杯。

宝马 R62 和 R63，1928 年

R62 与 R63 的主要差异在于发动机的气门布置形式。"挎斗旅行"（sidecar travel）的兴起催生了这两款最早搭载 750cc 发动机的宝马摩托车。R62 搭载了侧置气门 750cc 发动机，压缩比较低，最大输出功率仅为 13kW（18hp）。而搭载顶置气门 750cc 发动机的 R63 则拥有 18kW（24hp）的最大输出功率，最高行驶速度可达 120km/h。此时，宝马的全系摩托车仍在使用非弹簧后悬架和 V 形带式后轮制动器。

宝马 R11 和 R16，1929 年

R11 休旅摩托车和 R16 运动摩托车分别是 R62 和 R63 的

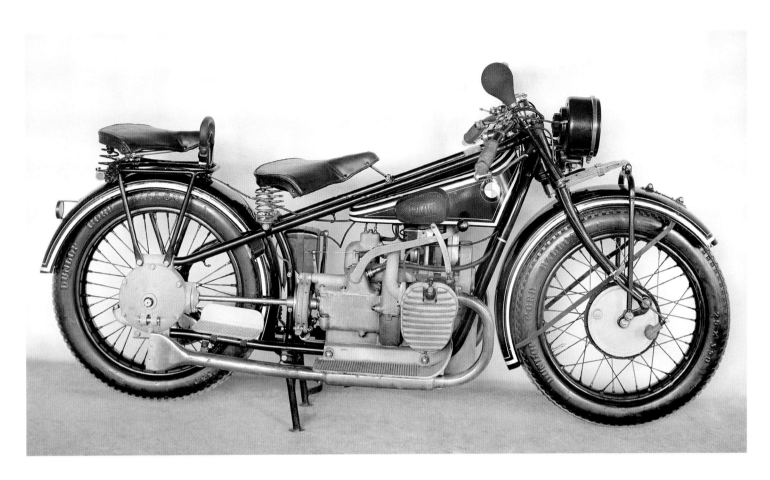

继任者。尽管在外观上与前辈大同小异,但它们的确推动了摩托车产业的发展——特别是在制造层面上。R11 和 R16 的主要创新是使用了冲压成型的钢质车架,具有更高的抗扭刚度,便于安装挎斗。与此前的产品一样,它们搭载了侧置气门或顶置气门的 750cc 发动机。值得一提的是,R11 和 R16 首次将前照灯、车速表和喇叭这些原本需要选装的配置作为标准配置。

宝马 R2、R3 和 R4,1931—1936 年

这些搭载单缸发动机的入门级摩托车可能缺乏魅力,在摩托车简史中也常常被忽略,但对宝马而言,它们仍然具有独特的地位。搭载 200cc 发动机的 R2、稍晚问世的搭载 400cc 发动机的 R4,以及搭载 300cc 发动机的 R3,总计售出了超过 3 万辆,使宝马安然度过了经济困难时期。这一系列产品的技术亮点在于发动机相对车架中轴线偏置,提升了变速器置于最高档时从曲轴到后轮的传动效率。20 世纪 80 年代后期,雷克萨斯公司(Lexus)投入数百万美元研发费用才

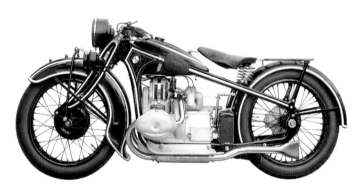

在自家的第一款豪华车上应用了这项技术。

宝马 R12 和 R17，1935 年

R12 和 R17 同为摩托车史上的里程碑式车款：它们首次配装了伸缩式前叉——这项设计如今已经司空见惯。在对不同类型的悬架开展多年研究后，宝马最终推出了伸缩式（液压阻尼）前叉，其行程相较传统前叉更长，不仅能提高行驶舒适性，还有助于确保直线行驶时的稳定性和过弯时的可控性。R17 的发动机最大输出功率为 25kW（33hp），最高行驶速度可达 140km/h。伴随这一代车型亮相的还有全新的四档变速器和一体式后轮鼓式制动器。

国际六日赛，1935 年

很多人认为，宝马派出搭载增压发动机的摩托车参加这项赛程长达 1000 余英里的著名比赛有很大风险，因为赛道囊括了开放道路和越野道路，要面临竞速和过弯等各种挑战。此外，比赛对于携带备用零件有严格限制，并要求车手自行维修车辆，不能求助他人。参赛的宝马摩托车搭载了输出功率超过 37kW（50hp）的 500cc 增压发动机，在亨纳等车手

的驾驭下大获全胜，用事实证明了增压发动机完全能在可靠性上与传统自然吸气发动机一较高下。

宝马 R5，1935 年

这款高性能 500cc 摩托车是工程界的又一个里程碑。根据参加摩托车赛的经验，宝马为 R5 打造了一型配有顶置气门和链驱动双凸轮轴的新发动机（转速 5500r/min 时输出功率为 18kW），以及采用无缝焊接工艺，具有更高强度和刚性

的钢质管状车架。宝马创造性地为 R5 的四档变速器采用了脚踏操作方式，同时保留了辅助手柄，以满足传统用户的需求。值得一提的是，这种脚踏式变速杆为现代样式的脚踏板和脚趾（而不是脚跟）操作式制动器奠定了技术基础。1938年，宝马又为 R5 加装了后悬架。我们可以将 R5 视作现代化中量级运动摩托车的鼻祖之一。

宝马速度纪录，1937 年

恩斯特·亨纳热衷于各式各样的赛车运动，他从 20 世纪 20 年代末开始驾驶宝马摩托车屡次打破直线速度纪录。到 20 世纪 30 年代中期，配有流线形外壳和特制的 500cc 增压发动机的（宝马）摩托车已经能跑出超过 250km/h 的极速。1937 年，在达姆施塔特（Darmstadt）附近的 A3 高速公路上，宝马摩托车创造了近 280km/h 的行驶速度纪录，成为"世界最快摩托车"。这项纪录一直保持到 1951 年，才被威廉·赫茨（Wilhelm Herz）驾驶的特别版 NSU 摩托车打破。

宝马在曼岛 TT 摩托车赛，1939 年

曼岛 TT 摩托车赛（Isle of Man Tourist Trophy，早期称 International Auto-Cycle Tourist Trophy，旅游杯国际摩托车赛）是世界上最负盛名的公路摩托车赛，长期以来一直被视为英国摩托车爱好者的"朝圣赛"，其赛道位于令人畏惧的曼岛 60 公里山间公路上。1937 年，英国车手约翰·韦斯特（John "Jock" West）驾驶着 500cc 宝马增压摩托车在曼岛 TT 中位列第六名，短短两年后，德国人就彻底统治了比赛：格奥尔格·迈尔（Georg Meier）驾驶着宝马摩托车赢得冠军，而十届冠军史丹利·伍兹（Stanley Woods）仅位列第四。有趣的是，迈尔是第一位驾驶外国摩托车赢得曼岛 TT 赛高级组冠军的外国车手（相对英国本土车手而言，译者注）。

宝马 R75，1941 年

在赛车手兼工程师亚历克斯·冯·法尔肯豪森的领导下，宝马开发出强劲的军用版 R75 三轮摩托车。R75 就像一台无所不能的越野机器，拥有出色的路况适应能力——从沙漠到雪地，再到沼泽，都能如履平地。它搭载 750cc 侧置气门发动机，动力同时传递给后轮和挎斗轮（带差速锁），可实现两轮驱动。其变速器也设计精巧，有 8 个前进档和 2 个倒档。此外，R75 还具有优异的载重性能，是保障德军战时机动性的中坚力量。

宝马 R24 和 R25，1948 年

R24 是宝马在第二次世界大战结束后生产的第一款摩托车，发动机排量为 250mL。造型时尚的 R24 设计灵感源自 R23，配装了新型四档变速器，保留了宝马标志性的轴传动形式，上市后大获成功。随着材料技术和零部件性能的不断提升，宝马对 R24 进行了逐步改进。1950 年，R24 的后继型 R25 问世，它以带液压减振器的后悬架取代了 R24 的刚性后悬架，大幅提升了行驶舒适性。在配装更先进的摆臂式后悬架的 R26 于 1956 年面世前，售价并不算低的 R25 取得了超过 10.8 万辆的傲人销量。

宝马 R51/2、R67 和 R68，1950—1952 年

大型摩托车的限产令解除后，宝马传奇的水平对置双缸发动机于 1950 年正式回归。R51/2 的整体设计与战前的 R51 完全相同，宝马对发动机化油器进行了改进，同时将原有的链驱动凸轮轴改为由正齿轮驱动。此外，自 R25 开始配装的带减振器的后悬架得以传承，制动鼓直径进一步增大，伸缩式前叉的阻尼也得到了优化。不久后，宝马又推出了满足挎斗爱好者需求的 600mL 排量的 R67。1952 年，搭载升级版水平对置双缸发动机的 R68 问世，26kW（35hp）的最大输出功率使它成为第一款能达到 160km/h 行驶速度的德国摩托车。

宝马 R50 和 R69，1955 年

恢复水平对置双缸发动机生产五年后，即 1955 年，宝马推出了 R50（500mL 排量）和 R69（600mL 排量），它们都

首次采用了带摆臂式前后悬架的全新车架,这标志着宝马继1935年率先推出伸缩式前叉后,在车架设计方面的又一次重大进步。此外,R50/R69还采用了厄尔斯(Earles)前叉(三角形摇臂结构,译者注),其导臂能精准安装在可调节的圆锥滚子轴承中,不仅能提高骑乘舒适性和操控精度,还能提高行驶稳定性和制动性能(使后轮能承受更大的制动力矩,缓解摩托车减速时的俯冲)。

宝马R69S,1960年

20世纪60年代,在赫伯特·匡特(Herbert Quandt)的推动下,宝马精心打造了一款终极运动摩托车,作为对异军突起的英国竞争对手——凯旋(Triumph)和BSA(三枪)的反击。宝马通过提高压缩比和进行转速限制,使R69S发动机的最大输出功率达到31kW(42hp)。此外,R69S还采用了宝马首创的液压阻尼式转向机构,用于抑制厄尔斯前叉的摆动。然而,随着日本摩托车制造商推出的四缸超级摩托车开始风靡市场,R69S摩托车乃至宝马的整个产品线,都显得愈发保守。

宝马R27,1960年

精致的单缸R27是宝马应对20世纪60年代初摩托车市场"革命"的转型产品。此时,摩托车已经在很大程度上演变为休闲娱乐工具,而非交通必需品。本田等日本制造商开始发力,以一系列速度快、配置丰富的车型席卷小排量市场。出于抑制振动和噪声的目的,宝马为R27的动力-传动系统配装了弹性减振装置(橡胶减振基座),同时保留了轴传动形式。然而,R27整体性能平平,售价毫无优势,与日本对手相比缺乏竞争力。1966年,宝马旗下所有单缸车型全部停产——车迷们苦苦等到1993年才见证了宝马单缸车型的重生。

宝马/5系列,1969年

20世纪60年代,随着日本产品全面占领火热的休闲摩托车市场,愿意为一款缓慢、昂贵且过时的宝马摩托车买单

的忠实用户已经愈发稀少了。好在宝马及时打消了全面退出摩托车市场的想法，决定以标志性的水平对置双缸发动机为基础，推出更符合市场需求的新产品。1969年，/5系列应运而生，它更轻、更灵活，外观更时尚，动力也更强劲，还具有电起动功能，并且提供相较经典黑（classic black）更亮的车身颜色。更具标志性意义的是，/5系列是位于柏林的宝马斯潘道工厂（Spandau）生产的第一款摩托车。

宝马 R90S，1973 年

在很多人眼中，1973年首次亮相的R90S是宝马最具颠覆性的一款产品。作为/6系列的旗舰型号，它不仅配装了五档变速器和盘式前制动器，还搭载了输出功率高达50kW

（67hp）的900cc发动机——这是迄今为止排量最大的水平对置摩托车发动机。更重要的是，设计师汉斯·穆特（Hans Muth）为R90S带来了相对既往产品脱胎换骨式的变化，他独创了一种流畅的一体式车身，具有精致的双人座位和时尚的车把导流罩，整体动感十足。尤其是闪亮夺目的金属漆涂装，一扫宝马摩托车以往的"老年人专属产品"形象。

宝马 R100 RS/RT，1976 年

1976年诞生的R100 RS/RT开启了摩托车的新时代——豪华休旅车时代，它的发动机能全天候保持在高速巡航状态，驾驶者也几乎不会感到疲劳。凭借R90S的成功，宝马利用风洞开发出一种极具辨识度的全尺寸导流罩，用于保障驾驶者和乘客免受气流影响。52kW（70hp）的发动机、经过升级的换档机构和盘式后制动器极大提升了R100 RS的弯道灵活性。当然，真正使R100 RS/RT声名鹊起的，是两者在长途休旅车和运动摩托车之间取得的完美平衡。

宝马 R45 和 R65，1978 年

R90S和R100 RS的成功，使宝马看到了市场对高品质摩托车的渴求，因此也更有信心用全新的低级别车型去挑

战实力强劲的日本中量级对手。面向相对保守的欧洲市场的 R45，搭载了排量更小的水平对置双缸发动机，采用了更紧凑的车架，而面向北美市场的 R65 则沿用了 R60/5 的大车架。这两款车的全重都只是稍稍超过 200kg，紧凑、灵活且极具吸引力，当然做工也十分出色。然而，与日本竞争对手相比，宝马的产品在性价比方面完全没有优势，因此 R45 和 R65 只能在市场上苦苦挣扎。1982 年亮相的 R65LS 是前两者的后继产品，它的特别之处在于传承了 R90S 的楔形车把导流罩。

俗的越野性能。凭借强劲的动力、创新的单摆臂悬架和 ADV（Adventur 的缩写，探险摩托车，译者注）风格车身外观，R80 G/S 不仅拯救了"拳击手"系列发动机，还促使宝马推出了一个全新的产品线，同时催生了全新的 ADV 市场。

宝马 R80 G/S，1980 年

20 世纪 70 年代末，宝马、凯旋等欧洲老牌摩托车制造商都面临着一个严重的危机——现有产品无法与外形出色且速度极快的日本品牌摩托车抗衡。宝马率先行动，以汽车技术为基础，开发出 K 系列四缸发动机，旨在逐步淘汰水平对置发动机。尽管如此，宝马还是赌了最后一把，为新款公路摩托车 R80 G/S 装上了 800cc 水平对置发动机。这款车的设计汲取了宝马在巴黎-达喀尔拉力赛中获得的经验，拥有不

第5章

战火中淬炼

战争年代，包括宝马公司在内的整个德国工业界都承受着来自各方面的巨大压力。随着战事的愈演愈烈，工程开发、制造技术、就业和生产计划都远远超出了他们所熟悉的和平时期的状态。1945年战争结束时，宝马已经蒙受了无可挽回的资产损失。而对公司的全体员工和那些忠实的用户而言，宝马沦落为某些人眼中的"武器制造商"或"卑劣雇主"，无疑是一种莫大的耻辱。

相比业内的竞争对手，宝马的遭遇更为悲惨，因为纳粹政府迫使它完全改变了业务方向。战前几年里，宝马在工程技术领域取得了众多令人瞩目的成就，然而也正因如此，它的损失才超乎寻常，并且贯穿了战争始末——先是盟军对工厂的轮番轰炸，后是盟军占领后施行的限产令，而战胜国在德国实行的划区而治的策略，最终导致宝马公司分崩离析。

到了1945年夏天，宝马原本赖以为生的三项主营业务全部处于崩溃边缘。慕尼黑的米贝茨霍芬工厂（Milbertshofen）孤零零地伫立在一片废墟中，生产设备全部被盟军没收，位于慕尼黑北部的阿拉赫航空发动机工厂（Allach）也是如此。在盟军限产令和原材料极度短缺的双重压力下，宝马的航空发动机和摩托车制造业务都处于停滞状态。更糟糕的是，宝马的汽车设计工作室位于苏联占领区内的艾森纳赫，包括工程图和技术资料在内的大量生产必需品都为苏军所控制。当冷战铁幕徐徐拉开时，宝马收回这些宝贵资源的希望也变得

▲ 第二次世界大战期间，宝马的米贝茨霍芬工厂在盟军的持续轰炸中陷于瘫痪。在完全占领工厂后，盟军搬走了所有生产设备、原材料和库存产品

◁ 恢复生产：1948年，R24的下线宣告了宝马的摩托车生产线正式重启

专为德国军方打造的 325 KFz3 并非由宝马设计,它采用了先进的底盘、四驱机构以及全轮转向系统

愈发渺茫。

尽管这凄凉的衰落令人唏嘘不已,但不可否认的是,在过去十年间,凭借着正确的市场策略和不懈的技术创新,宝马已经一步步成长为世界领先的航空发动机制造商,并且在摩托车和汽车制造领域达到了前所未有的高度。而支撑这一辉煌历程的众多先进设计方法和工程技术,自然也是作为胜利者的同盟国所觊觎已久的。

大战期间,宝马的核心业务无疑是航空发动机制造,但此时它仍然是重要的车辆制造商。宝马联手史迪威(Stoewer)和汉诺玛格(Hanomag)两家车厂打造了 325 KFz3,也就是所谓的"德国吉普"(German Jeep)。325 并非宝马所设计,蓝天白云标志也从未出现在它的车首,但它拥有源自宝马 326 的强劲六缸发动机、精密的四轮独立悬架、四驱机构,以及超越时代的全轮转向系统。

很多德军曾引以为傲的军用摩托车,特别是 R75 越野挎斗摩托车,都铭刻着宝马的标志。在 R75 上,宝马第一次尝试将两轮摩托车与挎斗作为一个整体来设计,发动机的动力也会分配给挎斗轮,这赋予 R75 出类拔萃的越野性能,因此备受德军青睐。在生产厂被盟军摧毁前,宝马共向德军交付了大约 16000 辆 R75。

然而,来自柏林的声音希望宝马能专心于航空发动机制造,不要将产能分散在其他业务上,这使公司上下倍感焦虑。尽管如此,1941 年中期,宝马仍然顽强地交付了一小批汽车。但第二年情况急转直下,德国军方强制要求弗朗茨·约瑟夫·波普彻底放弃汽车和摩托车业务。拒绝妥协的波普很快被解雇,而且毫无疑问地遭到了人身安全方面的威胁。此后,来自布拉莫(Bramo)的弗里茨·希勒(Fritz Hille)接管了宝马公司,但他不过是个傀儡——德国军方成了实际"统治者",开始疯狂地扩大航空发动机产能。

1945 年 4 月,美国陆军挺进慕尼黑地区,他们勒令宝马公司全员投降,随后销毁了所有机床、库存零部件和设计图。好在公司高层及时与美军缓和了关系,使宝马避免了万

▲ 旺盛的市场需求推动着 R24 的量产，但车展上亮相的原型车其实只是一个看似精致的模型

在宝马初创阶段，联合创始人弗朗兹·约瑟夫·波普一直是公司的核心人物，直到 1942 年，他因拒绝服从党卫军的生产命令而被解雇 ▼

劫不复的命运，并幸运地获得了恢复生产的许可，但产品仅限于厨具、自行车和农用机械。

无论如何，宝马的厂房里终于再次响起了悦耳的轰鸣声，老雇员们也纷纷回归。不久后，一款搭载 125cc 二冲程水平对置双缸发动机的摩托车悄然成型——这是战后初期战胜国允许德国生产的最大排量摩托车。与此同时，全国各地的宝马经销商都在搜罗 250cc 发动机的备件——宝马的工程师们想测绘每一个零件，作为孕育中的全新单缸发动机的设计参考——待到排量限制放宽到 250cc 时再一举出击。到 1947 年中旬，设计工作已经全部完成。然而，令生产工程师们无可奈何的是，他们手头仍然没有一台可用的机床。显然，在战后萎靡、混乱的经济状况下，除了黑市交易之外，很难获得足够的生产设备和原材料。次年春天的日内瓦车展上，搭载着 250cc 发动机的 R24 原型车揭开了神秘的面纱，出口部门经理弗里茨·特罗希（Fritz Trösch）向用户们承诺圣诞节前就能交货。但只有少数宝马员工知道，这辆外观优

▲ 极尽奢华的501"巴洛克天使"于1951年亮相，它价格昂贵但动力孱弱，市场表现并不理想

雅的原型车的大部分零件，其实都是"假冒"的——包括轴传动机构、伸缩式前叉和动力总成在内的所有重要部件，都只有"外壳"而已，甚至连一些轻易可见的车身外观件都是由木头精心雕刻成的。

不过，宝马最终奇迹般地履行了交货承诺，背后的原因也许并不意外——公司正式进入破产清算程序并由德意志银行（Deutsche Bank）全面接管。新任总裁汉斯·卡尔·冯·曼戈尔特-赖博尔特博士（Dr. Hans Karl von Mangoldt-Reiboldt）解决了材料供应和生产设备问题，而1948年6月的货币改革提振了市场，使德国马克重归稳定，这一切使宝马终于能走上正轨，全身心投入到新款摩托车的生产中。

摩托车引领前进方向

造型时尚的R24和它的继任者R25迅速在市场上站稳了脚，到1950年，两者的总产量已经接近3万辆。大排量摩托车的生产计划最终获得批准，R51的水平对置双缸发动机的研发工作也在有序推进。然而，此时的摩托车销售利润尚无法为恢复汽车生产业务提供足够的资金。更糟糕的是，位于艾森纳赫的工厂仍然处于苏联人的控制中。（宝马）慕尼黑总部的愤怒与无奈显然是可以理解的：在他们热切期盼着投产新车型时，艾森纳赫却在"按计划"继续制造并销售着战前的老车型，而且肆无忌惮地与总部分庭抗礼，企图争夺"西方"市场。

慕尼黑总部不得不刮骨疗毒，宣布解散艾森纳赫分公司，使自己成为蓝天白云标志的唯一合法所有者。艾森纳赫对此的回应是将品牌更名为EMW（Eisenach Motoren-Werke，艾森纳赫发动机制造厂）。好在，这场闹剧并没有愈演愈烈——艾森纳赫不久后便转而开始生产瓦特堡（Wartburg）品牌汽车。

当形势一切向好时，宝马也面临着一个难以抉择的问题——到底应该生产什么样的汽车。重归汽车制造业的捷径，无疑是与福特（Ford）或西姆卡（Simca）这样的成熟制造商重组，或并入汽车联盟（Auto Union），但这些路径已经被完全堵死。工程人员提出了小巧的搭载双缸风冷摩托车发动机的331双座轿跑车方案，但被销售总监汉斯·格雷韦尼希（Hans Grewenig）无情地否决了。在拥有银行业工作背景的格雷韦尼希看来，宝马应该凭借原有的声望和高品质去抢占高利润率市场，而不是靠什么"权宜之计"来过活。于是，他将波普战前所推进的品牌上升计划又重新摆上了桌面。

在新一轮品牌上升计划逐步推进的过程中，华丽的大型轿车501于1951年率先面世，它继续采用战前车型上经典的六缸发动机，但换上了全新的悬架、转向机构和制动装置，以及巨大的箱形底盘。尽管市场反响尚可，但这改变不了501全重过大、动力不足且售价高昂的事实。工程师们早已意识到这些问题，实际上他们也一直在努力研发全新的2.6L

▲ 紧凑型轿车331永远地停留在原型车阶段，因为宝马管理层认为大型轿车会带来更高利润

宝马 501和502，1951—1963年

被称为"巴洛克天使"的501是第二次世界大战后宝马生产的第一款量产车。它贯彻了希马诺夫斯基的设计风格，拥有高刚性底盘，配装双叉臂式前悬架、齿轮齿条式转向机构，采用了新颖的变速器中置布局。遗憾的是，501的2L六缸发动机延续了战前设计，最大输出功率仅有65hp（48kW），相对其1340kg的全重而言明显动力不足。

1951年：501原型车首次公开展示。

1952年：501正式量产，在宝马自己的生产设备准备就绪前，其车身由鲍尔车身制造厂（Baur）代工，高昂的售价严重影响了它的市场表现。

1954年：502面世，其造型相对501变化不大，最大的亮点是搭载了世界上首型全合金V8发动机，最大输出功率达到100hp（75kW），动力性能相对501大幅提高。与此同时，售价较低的501A和501B的销量相对501翻了一番。

1955年：全合金V8发动机的排量提升至3.2L，最大输出功率提升至120hp（89kW）。

1957年：502 3.2 Super亮相，其发动机最大输出功率提升至140hp（104kW），最高行驶速度为177km/h。

1959年：在德国，宝马率先为502引入了转向助力装置和伺服盘式制动器。

1961年：车系更名为2600/3200。搭载160hp（119kW）发动机的3200S以190km/h的最高行驶速度成为"德国最快轿车"。

1963年：501/502（2600/3200）车系寿终正寝，共有8900辆六缸发动机车型和13000辆V8发动机车型驶下生产线。

排量V8发动机——这是弗里茨·特罗希在1952年从布里斯托尔返回公司时跟进的项目。这型先进的全合金发动机输出功率达到100hp（75kW）。1954年的日内瓦车展上，外观与501大同小异的502正式亮相。与此同时，宝马调低了501的售价，结果皆大欢喜——1954年的公司销售额翻了一番。

同年纽约车展上高调问世的梅赛德斯-奔驰300SL，"无意间"刺痛了宝马的神经。周身散发着现代主义气息的300SL脱胎于梅赛德斯-奔驰的经典赛车，它拥有惊人的性能，以及同样惊人的售价。马克斯·霍夫曼（Max Hoffman）是一位魅力十足的奥地利裔纽约汽车进口商，他将欧洲生产的汽车成功引入美国市场，奔驰打造300SL的计划正源于他的游说。凭借对利润丰厚的细分市场的敏锐洞察力，霍夫曼向宝马管理层建议，他们应该考虑推出一款对标300SL的车型，以迎合美国东海岸和加利福尼亚地区的新兴需求。此外，这款新车的价格应该介于昂贵的300SL与大多数美国平民车迷所热衷的"穷人快乐跑"——凯旋（Triumphs）及MG之间。

随后，宝马顺势而为，推出了品牌史上最为成功的车型之一——507，它搭载了源于502的V8发动机，排量提升到3.2L，输出功率则提高至150hp（112kW）。身为双座跑车，507拥有稳固的底盘与令人愉悦的车身比例。众所周知，这一经典设计出自德国裔设计师阿尔布雷希特·格尔茨伯爵

宝马 507，1955—1959 年

出自阿尔布雷希特·格尔茨伯爵之手的 507 凭借华丽的设计风格、先进的 V8 发动机和巧夺天工的纯手工工艺，成为宝马发展史上无可替代的经典车型。507 完美呈现了蓝天白云标志所代表的运动性能与美学价值，尽管在短暂的生命周期中销量平平，甚至使宝马蒙受了巨额亏损，但它仍然具有非同寻常的意义。507 采用了全新的短轴距底盘、双叉臂式前悬架以及经过重新调校的后轴。它所搭载的配有高升程凸轮轴的高压缩比 V8 发动机，最大输出功率达 150hp（112kW）。与 502 轿车和 503 轿跑车不同的是，507 的变速杆与地板直接相连。

1955 年：在法兰克福车展上首次亮相。
1956 年：量产车首次交付客户。
1959 年：发布盘式制动版。当年 12 月停产，总产量仅 252 辆。

▲ **梅赛德斯-奔驰 300SL 的成功促使宝马推出了 507**

（Count Albrecht Goertz）之手，他是霍夫曼的好友，但并非宝马"自己人"。此前，来自宝马内部的设计方案都被霍夫曼否决了——尽管目前尚不清楚这些方案到底是用于 507，还是同时期开发的不那么运动的 503 四座跑车。格尔茨曾与大名鼎鼎的"工业设计之父"雷蒙德·勒维（Raymond Loewy）在斯图贝克公司（Studebakers）共事，后者日后受聘为日产 Z 系列运动跑车的设计顾问。据说，宝马董事会毫不犹豫地批准了 507 项目，而董事长库尔特·多纳特（Kurt Donath）却极力反对——他认为公司当下的优先事项并不是像 507 这样的"高端"项目，但不巧的是，董事们举手表决的时候，他正好在医院养病。

事实证明多纳特的观点是正确的：507 上市后，宝马的销售利润并没能稳步提升，反而是直线下滑。此时的宝马，需要的是尽快推出一款相对"经济实惠"的小型车，而不是一再固执地仅仅为富人提供"梦幻跑车"。我们不能否认 507 是汽车设计史上最具标志性的作品之一，但在 20 世纪 50 年代的经济颓势下，它不可避免地成为将宝马推向破产边缘的商业灾难。

霍夫曼原本预计自己每年能以 5000 美元的单价在美国市场售出约 5000 辆 507——可这款"梦幻跑车"的生产成本

设计师阿尔布雷希特·格尔茨伯爵与 1955 款 507（左图）；
深受 507 影响的 1999 款 Z8（上图）

> 503 四座轿跑车及敞篷跑车的魅力虽不及 507,但其市场表现更加稳定

远远超过了 5000 美元,实际发售价达到 9000 美元——比竞争对手 300SL 还要昂贵,日后更是一度飙升到五位数。事实证明,当时的富人们对 507 这样的"梦幻跑车"并没有表现出强烈的渴望。尽管售价令人咋舌,但宝马却没能靠 507 赚回哪怕 1 美元——甚至为此承受着巨额亏损。1959 年 3 月,宝马忍痛终止了 507 的生产工作,这对跑车迷而言可能是个坏消息,但对宝马的会计师而言显然是一种莫大的解脱。最终仅有 252 辆 507 驶下慕尼黑的生产线。与此同时,关注度和知名度都不如 507 的 503,尽管销量达到前者的两倍,但也被迫停产。507 在商业层面上一地鸡毛,但它也确实产生了积极的影响——宝马借此成功重返跑车市场,并激发出工程师们的无限潜能。

时至今日也没人能否认,507 是一款非凡的跑车——尽管销量屈指可数,但它对汽车设计界产生了深远的影响。如今,507 被人们视为宝马公司发展史上里程碑式的设计杰作,它的基因在"后辈"跑车身上得以代代相传,例如我们耳熟能详的 Z3、Z07 概念车和 Z8。前无古人的经典车身比例足以使 507 跻身世界汽车史十大标志性设计榜单,而拍卖场上的成绩也证明了这一点——一辆品相完好的 507 的拍卖价能轻松突破百万美元。

如果说宝马执意推出 503 和 507,同时为 502 换上更强悍的 V8 发动机时,还妄想着在商业层面"高奏凯歌"的

> 20 世纪 50 年代中期,宝马的产品线囊括了 507 这样的豪华轿车,以及廉价的"泡泡车",却没有一款适合普通家庭的中端产品。上图为宝马博物馆中陈列的一辆 502 敞篷跑车、一具 502 的底盘以及一辆 Isetta"泡泡车"

话,505 项目的一败涂地则让公司高层真正意识到了"梦想"背后所掩藏的巨大危机。505 在 1955 年的法兰克福车展上首次亮相,宝马希望用它展现自己雄心勃勃的扩张计划——挑战梅赛德斯-奔驰——向国家元首、外交官和企业高管使用的大型豪华轿车市场进军。尽管拥有乔瓦尼·米凯洛蒂(Giovanni Michelotti)这位重量级设计师亲手操刀的出色车身造型,505 在法兰克福的展台上却遭遇了一个不幸

的开局——据业内传说,首任联邦德国总理康拉德·阿登纳(Konrad Adenauer)在兴致勃勃地坐进505的后座时,头顶上的帽子竟然被门框碰掉了。这个尴尬无比的"突发情况"无疑给505的前景蒙上了一层阴霾。当然,这同时也让梅赛德斯-奔驰的高层们欢欣鼓舞——"Adenauer Mercedes"(阿登纳-梅赛德斯,康拉德·阿登纳是奔驰300系列轿车的忠实用户,译者注)之名的强劲挑战者似乎不过如此。

当然,宝马并没有因此而退缩,与梅赛德斯-奔驰在大型豪华轿车市场一较高下,依旧是品牌成长的强大动力。二十年后,随着7系的到来,奔驰真正感受到了前所未有的压力。时至20世纪80年代,宝马在大型豪华轿车市场已经达到顶尖水平。

在这一发展阶段,宝马高层提出了很多宏伟的计划,而公司内部也有一批坚定的前行者,用更切合实际的方式去解决棘手的问题。早在1954年,市场研究者就发现,大众对摩托车的需求强度正在逐渐减弱——随着德国经济的复苏,人们的目光已经从摩托车转向了汽车。在宝马看来,这显然不是昙花一现的假象,而是一个值得深思且必须及时应对的长远发展趋势。于是,宝马与意大利Iso公司建立了联系,他们生产的Isetta"泡泡车"(bubble car)正风靡意大利本土市场。宝马希望获得这款车的生产许可,并为它装上自家的单缸摩托车发动机。Iso的掌门人伦佐·里沃尔塔伯爵(Count Renzo Rivolta)爽快地与宝马达成了合作协议,项目进展也

宝马 503,1955—1960年

503同样出自格尔茨伯爵之手,与广受赞誉的507有着密不可分的关系。503采用了长轴距底盘,可供四人乘坐,大部分技术与507共享。尽管其售价相对507更高,但市场表现却更活跃。作为欧洲市场上最早一批引入电动收展顶篷的跑车,503敞篷版备受推崇。

1955年:在法兰克福车展上首次亮相。
1956年:首批量产车交付客户。
1960年:停产。

◀ 试图挑战梅赛德斯-奔驰的505轿车最终没能熬过原型车阶段

▲ 宝马凭借销量可观的 Isetta "泡泡车" 渡过了破产危机

1956 年，海因里希·里希特 - 布罗姆开始推进全新中型车项目，但直到 1960 年才获得资金支持

十分顺利——几个月后的日内瓦车展上，换上蓝天白云标志的 Isetta 原型车登场了。

随着生产工作的全面铺开，Isetta 的销量稳步攀升，仅 1955 年就售出了近 13000 辆，接下来的两年更是翻了三番。1958 年，Isetta 的销售额突破了六位数，成为宝马有史以来最畅销的产品。然而，Isetta 的成功并不足以弥补宝马在逐渐萎缩的摩托车市场中失去的利润，更何况它还要为一直处于亏损状态的豪华轿车项目输血。身为一家历史悠久的汽车制造商，宝马此时为自己的战略失误——在兼顾销量和利润的中端车市场没有布局任何产品，付出了沉重的代价。

德意志银行一直是宝马公司的忠实股东，在股权投资上毫不吝惜，20 世纪 30 年代，正是这家银行为宝马注入了勇闯汽车市场的"动力"。1956 年，德意志银行在宝马董事会的代表——海因里希·里希特 - 布罗姆（Heinrich Richter-Brohm），察觉到了在公司内部蔓延的令人担忧的颓势，于是，他促成了管理层的改组，并亲自出任董事长。赴任后，布罗姆惊讶地发现，宝马高层当时竟然没有对未来的发展做出任何切实可行的规划。随后，他立即主导起草了一份长达 133 页的报告，分析了公司现状，并提出了适宜的解决方案。"这家公司必须从头开始改变！"布罗姆决意在 1959 年推出一款全新的中级轿车，以预计每年 24000 辆的产量获得至少 3 亿德国马克的销售额，并使利润达到 1400 万德国马克。

在 1957 年底的公司年会上，布罗姆自信地表示，"用于填补 Isetta 与大型豪华轿车间市场空白的新产品计划"所需的资金已经到位。

然而，这款"救命车"的进展远没有布罗姆预想的那般顺利，尽管公司上下都意识到改变刻不容缓，但研发资金实际上仍然存在较大缺口，因此最终酝酿出的只是一个"妥协"方案——宝马 600"大泡泡车"（big-bubble）。600 上市首年的销量还算不错，但很快就风光不再，而宝马也因此再度陷入现金流危机。1959 年 9 月的法兰克福车展上，米凯洛蒂基于 600 平台设计的 700 轿跑车凭借时尚的造型获得了一大批订单，但这对正面临破产风险的宝马而言实在是杯水车薪。

12 月的宝马股东大会上，包括梅赛德斯 - 奔驰在内的一众潜在买家，已经如秃鹫般饥渴地盘旋在这家"垂死"的公司头顶——似乎一切都要结束了。然而，由于会议过程出乎意料的混乱，直到休会期间，负责审计的律师们才发现了宝马董事会财报中的一个致命漏洞，这恰恰给一位素常行事低调的股东——赫伯特·匡特（Herbert Quandt）奇迹般地力挽狂澜，救宝马于水火埋下了伏笔——他持续增持宝马股份，为保有一个"独立的宝马"做出了不可磨灭的贡献。

如果没有匡特的决定性"出击"，宝马就将沦为梅赛德斯 - 奔驰帝国"疆域"中的一个小品牌，甚至可能被彻底终结。值得庆幸的是，匡特为宝马的涅槃重生带来了希望和愿景。在未来的几十年里，匡特家族矢志不渝地推动着蓝天白云标志超越竞争对手，成为世界领先的豪华汽车品牌。

▲ 宝马 600 不过是加大版的 Isetta"泡泡车"，它在上市初期取得了不错的销量，但也仅仅是昙花一现

小巧的微型车 700 基于 600 的硬件设计 ▼

第 6 章

以小见大

宝马公司的汽车制造生涯始于 1928 年，但这一年并不是什么好年景，全球汽车行业都处于艰难的转型期，尤其是大型车的销量几乎停滞不前。宝马以小型车市场为突破口无疑是明智的选择，Dixi 的成功使宝马在萎靡的市场环境中站稳了脚，并逐步转向利润更高的大型车市场。设计小型车需要对市场有敏锐的洞察力，而这正是宝马所具有的特质。无论是 20 世纪 50 年代为应对燃料短缺问题生产的"泡泡车"、20 世纪 60 年代生产的精致小跑车，还是 2001 年问世的 Mini Cooper，都足以展现出宝马过人的小型车设计功力。

Dixi DA1，1928 年

自成为航空发动机和摩托车制造商起，宝马就胸怀着进军汽车制造业的雄心。然而，在一系列技术先进的原型车设计方案被德国政府否决后，公司高层的决心动摇了，他们开始变得犹豫不决。幸运的是，宝马最终抓住了机会——以许可证方式生产来自英国的奥斯汀 7，收购迪克西公司的生产厂，同时接手了小型四座车的生产合同。宝马对奥斯汀 7 进行了轻量化再设计，升级了制动装置、转向机构和悬架，同时改进了生产工艺，将它打造为当时综合产品力最强的小型车。这些经验也为此后的车型更迭铺平了道路。宝马将自己的工程技术理念毫无保留地注入独立制造的第一款产品 3/15 中，同时为它配上了全新的蓝天白云标志，使它完全摆脱了奥斯汀的影子。

宝马 331，1950 年

遗憾的是，331 永远地停留在了原型车阶段。20 世纪 40 年代末，面对资金和原材料短缺的双重压力，宝马总工程师阿尔弗雷德·博宁主导设计了 331（也称 531），它似乎拥有不错的商业价值——搭载经典的 750cc 水平对置双缸摩托车发动机，匹配四档变速器，采用前置后驱形式。尽管双座轿跑造型限制了它的潜能，但优雅的 Topolino 车身曲线（Topolino 为意大利语，意为小老鼠，指源于小型车菲亚特 500 的造型设计风格，译者注）仍不失为一项经典设计。331 原本是宝马计划中的战后第一款量产车，但它不幸地被 501"巴洛克天使"系列豪华轿车（Baroque Angel series）取代——因为公司高层倾向于以利润更高的大型车市场作为新的起点。

宝马 Isetta，1955 年

20 世纪 50 年代，随着德国经济的复苏，大众开始追求更舒适、更有面子的轿车，这导致摩托车市场遇冷。于是，宝马不得不着手调整业务权重，开始在欧洲寻求更具竞争力的整车设计方案。由于自己心爱的 Isetta "泡泡车"在意大利本土市场受到菲亚特 500 的强烈冲击，里沃尔塔伯爵（Count Rivolta）欣然决定将这款小型车的设计专利售予宝马，而宝马则为它换装了来自 R25 摩托车的 250cc 四冲程单缸发动机。事实证明这一切都是值得的，配上蓝天白云标志的 Isetta 一炮走红，强劲的销售势头一直保持到 1958 年。通过换装排量更大的发动机、改装滑动式侧窗等一系列升级工作，Isetta 给人们带来

的"新鲜感"从未消减。1965年,Isetta优雅地退出了历史舞台,它用十年的"生命"帮助宝马渡过了艰难时期。

宝马600,1957年

宝马在20世纪50年代中期面临的财务危机,很大程度上源于没能尽早推出一款真正意义上的中型车,而Isetta的成功又难以弥补失败的豪华轿车项目所导致的巨额亏损。作为权宜之计,宝马沿用"泡泡车"的设计理念推出了比Isetta更大的600,它采用四座布局,除可开启的前门外还有一个侧门,而方向盘仍然像Isetta那样装在前门上,风冷双缸发动机则布置在车尾。在经历了1958年的短暂"辉煌"后,身形如小号巴士般的600便几乎销声匿迹了。今天,人们大多将它视为一款猎奇式产品,而不会记得它是世界上第一款采用拖曳臂式后悬架的量产车——正是这种悬架形式使宝马在操控性上有了超越奔驰的底气。

宝马700,1959年

对宝马而言,700的故事有些非同寻常,因为其中充斥

着分歧与阴谋。由于市场对600的反应十分冷淡,而设计师威利·布莱克(Willy Black)又拒绝改变设计风格,心灰意冷的宝马董事长里希特-布罗姆只得接受了奥地利人沃尔夫冈·登策尔(Wolfgang Denzel)的提议——他计划采用与600相似的机械结构,打造一款在造型风格上更具吸引力的产品。登策尔联手意大利设计师米凯洛蒂(Michelotti),在维也纳开展着"臭鼬工厂"(美国军工巨头洛克希德·马丁公司旗下的高级研发部门,译者注)式的研发工作,他们最

终拿出的 700 设计方案获得了里希特 - 布罗姆的首肯。1958 年中旬,登策尔在位于施塔恩贝格湖畔(Starnberg)的宝马"秘密基地"向公司内部人员展示了 700 的原型车,这款拥有全新设计风格和简洁车身线条的中型车大受好评。第二年的法兰克福车展上,宝马同时推出了 700 的轿车版和轿跑版,收获了一大批订单。作为宝马旗下第一款采用单体壳结构的车型,700 帮助宝马有惊无险地渡过了 1959 年的破产危机,逐渐成为市场宠儿,并在赛车界叱咤风云。

宝马 E1(Z11),1991 年

自 20 世纪 60 年代开始,宝马的大中型产品销量和品牌影响力都在飞速提升,公司上下似乎已经失去了重返小型车市场的动力。但随着石油危机的爆发,以及各国排放法规的日益严苛,宝马也不得不开始研发电驱动城市用车。早在

1972年的慕尼黑夏季奥运会上，宝马就推出了服务于赛事的电动版1602。1991年，宝马又推出了采用铝合金及非金属复合材料车身的E1。这款四座布局小型纯电动汽车的钠硫动力电池位于后排座椅之下，其最高行驶速度可达120km/h，续驶里程为200km。E1是宝马推进后续电驱动技术研发的重要基石，它的成功间接促成了2013年诞生的i3。

宝马Z13，1993年

这款车身低矮的城市通勤车面世后，宝马对未来城市用车的愿景变得愈发清晰，其理念一直延续到二十年后诞生的革命性的纯电动汽车i3身上。尽管超大倾角的弧形前风窗如今看来已显过时，但惊艳的布局赋予了Z13不同寻常的生命力。它采用与奔驰Smart、雷诺Twingo相同的发动机后置形式，而三座布局、中置驾驶位则由戈登·默里（Gordon Murray）操刀设计。默里设计的搭载宝马发动机的迈凯伦F1超级跑车采用了相同的风格，而他近年来设计的一系列城市用车延续了激进的iStream结构。出于高端定位，Z13拥有令人眼花缭乱的配置清单，甚至包括一台车载传真机。轻量化的铝合金车身赋予Z13出色的燃油经济性。然而，由于随后收购了专门生产小型车的罗孚集团（Rover），宝马品牌下的小型车生产计划至此告一段落。

Mini Cooper，2001年

Mini品牌是宝马1994年收购罗孚集团时获得的最宝贵资产之一，因此"复刻"1959款Mini的工作很快提上了议事日程。一些"激进者"认为有必要保留老Mini的机械布局，包括将变速器置于发动机之下，因为这才是对"Mini精神"的本真传承。而大多数人则认为只要保留老Mini最具代表性的外观，并尽可能还原它的驾驶感受就可以了。1999年问世的全新一代Mini原型车显然支持了后者的观点——传承了老Mini的经典造型，但在车身尺寸参数全面增大的情况下，空间利用率反而有所下降。以高端定位涅槃重生的Mini续演了前辈的辉煌，它在为宝马带来可观收益的同时，也改变了人们对小型车的看法。

第 7 章

匡特时代

1959 年 12 月 9 日的宝马股东大会上发生了极富戏剧性的一幕：正当志在必得的梅赛德斯 - 奔驰准备发起"最后一击"时，审计人员突然发现宝马的财报中存在漏洞，会议只得暂停。接下来，资金雄厚的匡特家族（Quandt）联手一些忠实股东以及众多经销商发起了"绝地反击"，完美击碎了梅赛德斯 - 奔驰收购宝马的如意算盘。

尽管幸运地躲过了梅赛德斯 - 奔驰的"最后一击"，但宝马依旧要面对残酷的现实：沉重的运管开支即将压垮一切，而新产品的开发却毫无头绪。"泡泡车"和既有的豪华轿车都已成明日黄花，摩托车业务也尽显疲态。唯一能鼓舞人心的，就是小巧的 700 轿跑车刚刚取得了惊艳的预售成绩。

赫伯特·匡特（Herbert Quandt）与同父异母的兄弟哈拉尔德·匡特（Harald Quandt）截然不同。赫伯特是一个乐于进行商业冒险的人，而哈拉尔德虽然善于交际，但对钱的运用更加谨慎。在主导完成对宝马的股权收购后，匡特兄弟并没有打算完全掌控这家公司，也没有接受董事会的席位——他们做出了更明智的决定——从外部聘请优秀的管理人才。赫伯特拥有一双伯乐般的慧眼，而且在银行界人脉颇深。不久后，他将来自濒临破产的汽车制造商宝沃（Borgward）的高级工程师威廉·海因里希·吉申（Wilhelm Heinrich Gi-

▲ 宝马 1500 在 1961 年的法兰克福车展上大放异彩

eschen），以及曾就职于汽车联盟的销售经理保罗·哈内曼（Paul Hahnemann）招致宝马麾下。

身为匡特家族法律顾问的格哈德·维尔克（Gerhard Wilcke）受命加入宝马董事会。由于赫伯特同时持有梅赛德斯-奔驰的股份，而且很多人认为梅赛德斯-奔驰在对宝马的收购问题上仍然没有死心，处理好宝马与梅赛德斯-奔驰间的关系就成了一件棘手的事，维尔克正好是这方面的专家。此外，他还能协助宝马处理与美国汽车公司（American Motors Corporation，AMC，这家公司希望在慕尼黑投产旗下的 Rambler 车型）、克莱斯勒公司（Chrysler）、法国西姆卡公司（Simca）、英国鲁茨集团（Rootes Group）、菲亚特公司和福特公司等合作伙伴间的关系。

赫伯特为宝马带来的不仅仅是融资方面的信心，他还迅速主导构建了切实可行的发展规划：用五年或十年时间塑造全新的品牌形象和标志性产品。在赫伯特的统筹下，宝马的日常运转趋于稳定，工程师们终于摆脱了束缚，得以再度施展拳脚。这期间，赛车手亚历克斯·冯·法尔肯豪森（Alex von Falkenhausen）摇身一变，成了人们眼中的"发动机设计天才"。埃里克·迪莫克（Eric Dymock）所著的《BMW：A Celebration》一书中，收录了一段法尔肯豪森的话：

"我认为，以前的主要问题是我们几乎每年都会有一个新董事会，而管理层变换无常，新董事们很难听到基层的声音，我们做什么事都很费劲。"

赫伯特始终坚信，宝马当下最重要的任务就是开发一款能"名利双收"的中型车。因此，整个公司的力量都集中到了所谓的"新级别轿车"（Neue Klasse）项目上。宝马得以在短时间内积聚足够的人力和物力资源，也许要拜宝沃的"及时破产"所赐——这家老牌汽车制造商的主力产品正是豪华中型轿车，它的匆匆"陨落"不仅使宝马失去了一位强劲的竞争对手，还为后者提供了众多在生产工程、测试和质量控制方面经验丰富的工程师。

赫伯特设定了一个几乎不可能实现的开发时间表，而宝马和前宝沃的工程师们并没有让他失望。1961年9月的法兰克福车展上，宝马的"新级别轿车"——1500（原型车）如约而至。这款四门轿车长 4.5m，由威廉·霍夫迈斯特（Wilhelm Hofmeister）主导设计，意大利设计工作室博通（Bertone）提供支持，它的车身造型新颖动人，广受赞誉。1500 搭载的 M10 型发动机采用了当时并不多见的顶置凸轮轴设计，宝马宣称它的最大输出功率可达 56kW（75hp）——这对一型诞生在 20 世纪 60 年代的 1.5L 发动机而言已经十分出色了。

宝马很清楚这款"新级别轿车"的重要性，其官方新闻稿以华丽的辞藻描述了 1500 的发布会："在汽车制造史上，很少有车型能像宝马的新款中型车一样获得如此广泛的关注和赞誉。"大众媒体也与宝马保持了出奇一致的口径，他们对 1500 不吝溢美之辞，称赞它"融合了运动性与精致感，具有真正的舒适性和永恒的优雅"。1500 的问世意味着宝马成功实现了大型 V8 轿车品质的跨级别共享——当然，这也是它

▼ 知人善用的赫伯特·匡特是宝马的大股东（右）

第 7 章

▲ "新级别轿车"在1961年的法兰克福车展上首次亮相,其时尚的设计风格和先进的技术配置使人印象深刻

超越时代的企业文化传统。

官方数据显示,1500的全重仅900kg,因此不需要为前盘式制动器和后鼓式制动器设置伺服机构,而其转向助力装置以往只会出现在大型豪华车上。今天看来,1500的内饰也许略显"简陋",但至少在当时的审美标准和技术水平下,它是时尚且极具吸引力的。1500为包括驾驶者在内的四位乘员都提供了三点式安全带,并采用了带衬垫的方向盘和嵌入式组合仪表——尽管只有车速表、时钟、冷却液温度表和燃油表。

宝马在新闻材料中称M10发动机的技术"领先十年",这并非夸大其词:链驱动顶置凸轮轴、铝质缸盖和铸铁缸体的组合堪称完美,冯·法尔肯豪森还设计了足够的冗余,保

证排量能进一步提高到 2L——这不久之后就实现了。M10 的生产一直持续到 1988 年，总产量超过 320 万台。除为 1500 提供动力外，它还服务于 '02 系列（包括举世闻名的 2002 Turbo）以及两代 3 系和 5 系轿车。令人印象深刻的是，作为宝马冲击世界一级方程式锦标赛（F1）的首次尝试，加装涡轮增压器后的 M10 能爆发出高达 969kW（1300hp）的最大功率。

宝马对 1500 寄予厚望，而公众对这款中型车的热情甚至超过了董事会的预期。纵使售价高达 9485 德国马克，而且交车周期难以保障，仍有为数众多的客户心甘情愿地支付了订金。保罗·哈内曼在法兰克福车展上宣布，上述售价包含所有必要配置，例如盘式制动器、制暖装置、两级刮水器和风窗玻璃清洗器等。这一举措显然压低了 1500 的利润空间，在哈内曼看来，只有尽可能提高产量才能保证盈利。

通过与营销心理学家的合作，哈内曼成为最早提出利基理念（niches）的汽车行业人士之一。他说，宝马只有将紧凑性、运动性与高品质融为一体，才可能重现 20 世纪 30 年代的辉煌。1500 定位于不断膨胀的中型车市场，它的竞争对手既有相对低端的欧宝（Opel）Rekord、标致（Peugeot）404、福特 Taunus 17M TS 及沃尔沃（Volvo）Amazon，也有相对高端的梅赛德斯 - 奔驰 180 和 190、雪铁龙（Citröen）ID19 及欧宝 Kapitän。

日后将掌舵宝马二十四年的埃伯哈德·冯·金海姆（Eberhard von Kuenheim），在 2003 年的一次采访中谈到了赫伯特·匡特当时如何鼓励高定价策略：

1500 所确立的设计风格影响了宝马二十余年，它所搭载的发动机也拥有旺盛的生命力。1500 的中控台是简洁且不乏品味的设计典范

"是的，1500 的售价不算低，但那些嘴里说着'我买得起甲壳虫，但我不想买它，因为别人都在开甲壳虫'的人都能欣然接受。这样做的结果是，宝马成了那些阶级上升者（德文 Aufsteiger，指当时社会地位逐步上升的人）的宠儿。1500 系列的表现不错，接下来还有小型双门轿车 1600、1800 和 2002。"

那些手握 1500 订单的"阶级上升者"也不得不面对一个痛苦的现实——交车时间比他们预想的要长得多——直到正式发布后的第二年 10 月，第一批 1500 才交付客户。当然，没有人因此而抱怨，他们都认为等待是值得的。量产版 1500 的发动机输出功率提高到 60kW（80hp），动力可谓源源不断，而来自 700 轿跑车的拖曳臂式后悬架为其提供了灵活的操控性和优异的驾驶感受。很快，1500 就赢得了"驾驶者之车"的美誉。

1500 获得了意想不到的成功，但也给宝马带来了一系列尴尬的问题，其中最严重的就是现有生产设备无法满足产能需求——这是一项全新的挑战，因为此前从未有一款宝马汽车能卖得这么好。为此，宝马不得不做出一个艰难的决定：停产两款意义重大但利润微薄的车型——"廉颇老矣"的 Isetta 和"巴洛克天使"系列豪华轿车。相比之下，小巧精致的 700 轿车/轿跑车依然有着可观的销量，轴距加长的 LS 版的推出则进一步提振了市场表现。

哈内曼确信，1500 就是消费者心中的"最优选"。于是，他开始施行 20 世纪 30 年代曾引领宝马走向成功的策略——多款车型共享同一基础架构。对宝马而言，这显然是进一步

宝马 1500—2000，1961—1972 年

"新级别轿车"是宝马填补产品线空白的一块重要拼图。20 世纪 50 年代中期，"新级别轿车"首次出现在宝马的产品规划中，但直到 1960 年摆脱破产危机后，相关研发经费才逐步落实。作为"新级别轿车"项目催生的首款车型，1500 在工程技术和设计风格方面都焕然一新，它配备了强劲的顶置凸轮轴发动机和独立后悬架。1500 所采用的四门四座布局，宣告了宝马紧凑型运动轿车产品线的回归，同时为 3 系、5 系和 7 系等后辈打下了坚实的基础，奠定了宝马如日中天的全球市场地位。

- **1961 年**：1500 的原型车在法兰克福车展上亮相。
- **1962 年**：第一批量产车交付客户，量产版车型的发动机输出功率提高至 80hp（60kW）。
- **1963 年**：增加了 1800 型，发动机输出功率为 90hp（67kW）。
- **1964 年**：1500 型变更为 1600 型，发动机输出功率为 110hp（82kW）的 1800 TI 面世。此外，还有仅生产了 200 辆的高性能车型 1800 TI/SA，该车型只售给持有赛车驾驶执照的客户，尽管安装了进排气消声装置，其发动机输出功率仍可达 130hp（96kW）。
- **1966 年**：全新 2000 所搭载的 2L 发动机有两个版本，输出功率分别为 100hp（75kW）和 120hp（89kW），最高行驶速度分别为 168km/h 和 180km/h。
- **1968 年**：升级后的 1800 搭载了全新的发动机，其缸体和活塞源于 2000 的 2L 发动机，曲轴则源于 1600 的 1.6L 发动机。
- **1969 年**：配备博世（Bosch）Kugelfischer 机械燃油喷射系统的 2000 tii 问世。
- **1972 年**：宝马开始为生产第一代 5 系做准备，"新级别轿车"停产，车系总产量达到 35 万辆。

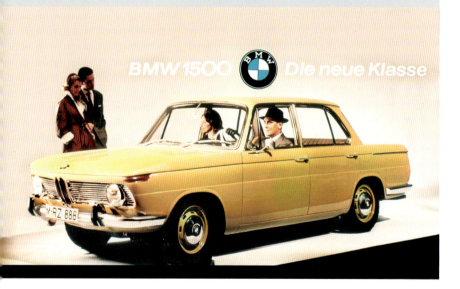

开拓市场的绝佳契机，一款款充满活力的产品即将纷至沓来。

首先登场的是 1800，它的发动机输出功率提升到 67kW（90hp），梯次登场的 1800TI 将发动机输出功率进一步提升到 82kW（110hp），两者都是吸引追风逐乐者的速度机器。1800TI 还提供了额外的竞技套装，包括更硬的螺旋弹簧、五档变速器、竞技专用制动片、105L 燃油箱、各类提升发动机动力性能的改装件，以及提供多个传动比选择的传动机构。

宝马将 1800TI 描述为"完全为满足驾驶乐趣而打造的一款车"。不久后，基于 1800TI 打造的 1800 TI/SA（SA 代表 Sport Ausführung，意为运动版）耀世登场。这款传奇车型只生产了 200 辆，售价高达 13500 德国马克，并且只出售给持有赛车驾驶执照的客户。极速超过 180km/h 的 1800 TI/SA，既是宝马高性能轿车的开天辟地之作，也是德国乃至整个欧洲大陆上所有房车赛车手的"梦想赛车"，它与随后问世的 tii 携手，为一代代 M 版高性能轿车铺平了道路。

搭载 2L 版 M10 发动机的 2000 CS 轿跑车，同样诞生于"新级别轿车"平台，它拥有优雅的 2+2 布局，由曼弗雷德·伦嫩（Manfred Rennen）在霍夫迈斯特的指导下设计，同时吸纳了博通设计的 3200 CS（最后一款采用 V8 发动机和 502 底盘的车型）的部分元素。不久后，宝马将更强悍的四缸发动机应用于四门轿车，进一步提升了相关车型的性能表现，同时也提高了售价。

2000 TI 被宝马称为"纽博格林赛道速度最快量产车"，这款发动机输出功率达 89kW（120hp）的速度机器很快就称霸市场。1969 年底，登峰造极的 2000 tii 问世了——这是宝马第一款采用燃油喷射系统的公路车，它催生了"tii"这个一代代传承的经典系列——18 个月后问世的紧凑型轿车 2002 则使"tii"之名真正远播四方。

彼时，燃油喷射系统仍是少数顶级跑车和豪华轿车的专享配置——它使 tii 版发动机的输出功率相比 TI 版的双化油器发动机提高了 7.5kW（10hp）。2000 tii 的最高行驶速度达到 185km/h，在整个高性能车市场中都难觅对手，但它的售价也比标准版 2000 高出不少，因此销量远不及后者。当然，这一系列新车型中销售最火爆的依然是 1800。

▲ 时逢公司创建50周年之际，宝马在慕尼黑歌剧院外发布了双门轿车1600/2。令宝马大喜过望的是，'02车系取得了空前的成功

 宝马　2000 C 和 2000 CS，1965—1968 年；2800 CS、3.0 CSi 和 CSL，1968—1975 年

优雅的2000轿跑车由威廉·霍夫迈斯特设计，采用了源自"新级别轿车"的硬件，可搭载2L版M10发动机。由于性能平庸且售价高昂，2000的市场表现并不理想。如今，2000被视为CSi和CSL的前身，而这两款强悍的六缸双门轿跑车都堪称宝马发展史上的扛鼎之作，它们曾在20世纪70年代的耐力赛场上叱咤风云。

1965年：2000 C和CS在法兰克福车展上双双亮相，两者可选配100hp（75kW）或120hp（89kW）发动机。

1968年：2800 CSi问世，它搭载的六缸发动机输出功率达到170hp（127kW），拥有出色的动力性能。此外，它的进气格栅相对前作更宽，前照灯采用了四具独立的圆形灯座。

1971年：配有双化油器的3.0 CS输出功率达到180hp（134 kW）；轻量化车型3.0 CSL登场，其发动机舱盖、车门和行李舱盖均采用铝合金材质，全重相对标准版车型减轻了200kg。

1972年：CSL和CSi采用了燃油喷射系统，输出功率提高到200hp（149kW），最高行驶速度提高到220km/h。

1973年：CSL的发动机排量增大到3.2L（3153cc），标新立异的空气动力学套件为它赢得了"蝙蝠车"的绰号。

着眼未来

这无疑是一段振奋人心的故事：1960—1969年间，宝马的汽车产量和雇员数都翻了三番，营业额更是暴涨了六倍。真正意义上的长远发展规划始于1965年，宝马收购了位于丁戈尔芬（Dingolfing）的格拉斯公司（Glas）——这家老牌机械制造商拥有先进的发动机和轿跑车生产线，以及更为重要的产能基础和闲置土地。在赛车运动领域，1800 TI赢得了1964年的斯帕24小时耐力赛（Spa 24 Hours）冠军，并于次年成功卫冕。与此同时，宝马开始着手构建全球经销商网络。

预感时机到来的哈内曼不想止步于此，他的宏伟计划是同时向高端和低端市场扩张——面向前者推出一款搭载六缸发动机的大型豪华轿车，再次向梅赛德斯-奔驰宣战；面向后者推出一款简化版的双门轿车，并尽可能压低售价。

如今已经化作车界传奇的'02系列，正是宝马当年突击低端市场的产物。1966年，'02系列的开山之作——1600-2（2代表两门）横空出世，它随后取得的成功远远超出了宝马的预期。由乔治·伯特伦（George Bertram）设计的短车身乍看之下略显怪异，但考虑到63kW（85hp）的发动机输出功率和940kg的全重，1600-2实际上是一款真正的"陆地飞行器"。

▲ 高效的燃油喷射系统成就了紧凑型运动轿车 2002 tii

▽ 鲜有的失败营销：尽管结合了出色的实用性、动力性和操控性，但掀背旅行版 '02 并没能实现宝马预期的市场影响力

甫一上市，这款所谓的"入门级"宝马就处于供不应求的状态：首年销量与"前辈"1800 相当，第二年销量迅速增长了一倍，第三年销量更是逼近 85000 辆——增长了四倍。美国人对 1600-2 尤为青睐——来自底特律的笨重"大家伙"已经让他们感到厌倦，1600-2 的轻巧灵动唤醒了他们的驾驶欲望——美国人发现，驾驶原来是一件很有趣的事，更重要的是，这并不需要花很多钱，因为来自德国的产品相当实惠。知名汽车杂志《Car and Driver》特意将 1600-2 选作封面车，并称其为"2500 美元价格区间里世界上最好的汽车"。

2002 tii 的问世将宝马的造车事业推上了巅峰。毫无疑问，无论在哪里，无论对谁而言，这都是一款令人迷醉的小车，悦耳的发动机轰鸣声不再是阿尔法·罗密欧（Alfa Romeo）、保时捷（Porsche）或捷豹（Jaguar）的专利。对快车手而言，2000 tii 简直是"必需品"——即使他们的车库里已经停满了保时捷和奔驰。作为宝马品牌价值的集中体现，2000 tii 堪称完美，它是驾驶乐趣与极限速度的代名词。

继 2000 tii 后，宝马又推出了三款 '02 系列的衍生车型。首先亮相的是敞篷版和两厢掀背版，后者因消费者接受度不高而没能如"前辈"般闪耀车市。接着亮相的是整个系列"性格最暴躁"的 2002 Turbo，它搭载了源自 1972 款 Turbo 概念车的 127kW（170hp）发动机。尽管 2002 Turbo 足够吸引眼球，但它遗憾地出现在了错误的时间点——第一次石油危机爆发，更重要的是，对绝大多数人而言，它并不是一个

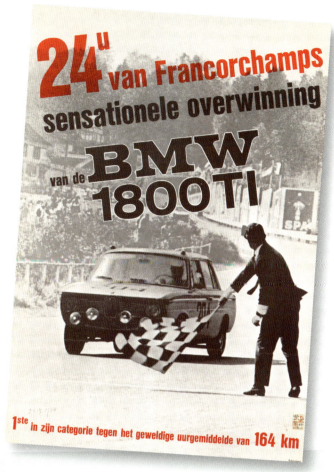

宝马 1800 TI 是耐力赛中的"常胜将军"

宝马　1602—2002，1966—1977 年

最初以"新级别轿车"廉价替代品角色问世的 '02 车系，凭借轻巧的身形和强悍的性能大获成功。动感十足的 2002 tii 使宝马在全球汽车爱好者心中树立起"运动领袖"形象。遗憾的是，本应大放异彩的 2002 Turbo 和掀背旅行版 '02 都因生不逢时而遇冷，成为宝马鲜有的失败营销案例。

1966 年：1600-2 在宝马 50 周年庆典上首次现身，85hp（63kW）的发动机和 940kg 的全重赋予它优异的运动潜质。

1967 年：1600 ti 面世，其发动机输出功率可达 105hp（78 kW）。

1968 年：2002 上世，其发动机输出功率为 100hp（75 kW）。2002 ti 上世，搭载配装双化油器的 120hp（89 kW）发动机。由鲍尔车身制造厂代工的敞篷版 '02 上市，1971 年被带防滚笼的版本取代。

1971 年：后排座椅可折叠的掀背旅行版 1602 上市，可选配相较标准版排量更大的发动机，因销量不佳于 1974 年停产。

1971 年：搭载采用燃油喷射系统的 130hp（97 kW）发动机的 2002 tii 上市，引起业界轰动。1802 上市，其发动机输出功率为 90hp（67 kW）。

1973 年：2002 Turbo 问世，其发动机配装机械燃油喷射系统和涡轮增压器，输出功率为 170hp（127kW），最高行驶速度为 211km/h，受石油危机影响于 1975 年停产。

1975 年：搭载 75hp（56 kW）经济型发动机的 1502 取得了意料之外的成功，销售一直持续到 1977 年，生产周期与其继任者 3 系重叠。至此，'02 车系的总产量超过 83 万辆。

很好"驯服"的家伙。最终，宝马意识到 2002 Turbo 的推出并不合时宜，于是在仅仅生产 1672 辆后便悄然停产了。

与此同时，宝马向高端市场进军的过程就显得千回百折了——六缸豪华轿车（E3）的成长过程远没有小型车那样一帆风顺。在哈内曼的要求下，宝马工程师们抛弃了同级车惯用的"伎俩"——软绵绵的悬架和模糊的转向手感，为 2500 和 2800 注入了更为硬朗和灵活的运动基因。两款车问世之初，宝马一度为频频见诸媒体的有关它们"动力强劲顺滑、操控性能稳定"的评价而沾沾自喜——在哈内曼看来，这样的评价正好强化了宝马的运动品牌形象。然而，事情远没有他想象的那样简单，在原本作为主要目标市场的北美，消费者们并没有表现出预期的热情，而汇率的持续波动则进一步降低了市场热度。2500 和 2800 在大部分地区的市场表现都很挣扎，与宝马的销售目标相差甚远——唯一不断增长的只有可怕的库存量。

宝马 2500 和 2800，1968—1977 年

1968 年，宝马以 2500 和 2800 两款轿车重返六缸车市场，目标直指梅赛德斯-奔驰。这两款全尺寸豪华轿车再次彰显了宝马的运动气质，但高昂的售价和过于硬朗的悬架使它们丧失了在国际市场上的竞争力。即便如此，在十年的生产周期中，两款车的性能和配置仍然得到了系统性提升。

1968 年：发动机输出功率分别为 150hp（112kW）和 170hp（127 kW）的 2500 和 2800 轿车面世。两者标配独立悬架和盘式制动器，可选配自动变速器、转向助力装置和限滑差速器，首次在行李舱内提供了工具包。

1971 年：在美国推出巴伐利亚特别版（Bavaria special），搭载更强劲的发动机，配置相对简化，销量得以逐渐攀升。2.8L 发动机的排量增大至 3.0L，输出功率提高到 200hp（149 kW）。

1973 年：长轴距版车型问世，它所搭载的 3.3L 化油器发动机输出功率为 190hp（142 kW）。

1976 年：推出符合美国排放法规要求的 3.3L 燃油喷射发动机，输出功率为 197hp（147 kW）。

1977 年：车系停产，累计销量达到 22 万辆。

2000 CS 轿跑车基于"新级别轿车"的机械结构打造，发动机舱更修长，搭载六缸发动机，它催生了传奇般的 CSL

宝马面临的难题还远不止于此。1969 年，在日本竞争对手纷纷崛起的背景下，宝马的摩托车销量急剧下降到不足 5000 辆，有人甚至提出了退出摩托车市场的建议。幸好公司高层没有丧失信心，并果断决定将整个摩托车部门转移到柏林的斯潘道（Spandau）——这片老军工区为宝马带来了希望——全新推出的 /5 系列摩托车获得了久违的市场关注度。

出人意料的是，就在公司上下刚刚在迷雾中窥见一丝光亮时，哈拉尔德·匡特在 1967 年末的一次飞行事故中意外丧生——这对宝马而言是一次沉重的打击，有关公司可能被收购的流言再次甚嚣尘上。几位潜在买家的确已经给出了报价，但赫伯特·匡特没打算给他们任何回旋的余地。1969 年，格哈德·维尔克辞去董事长职务，时任销售总监保罗·哈内曼凭借人格魅力成为热门候选人。然而，最终登上董事长宝

▲ 作为首批问世的涡轮增压车型之一，2002 Turbo 动力旺盛却难以驾驭，它受石油危机影响于 1975 年停产

▼ 宝马凭借 2500 和 2800 两款全尺寸轿车以及平顺的六缸发动机重返豪华车市场

▲ 传奇赛车 3.0 CSL 衍生自 1968 款 2800 CS

座的却是已经离世的哈拉尔德·匡特手下的一名助手——埃伯哈德·冯·金海姆（Eberhard von Kuenheim），这位年轻的普鲁士贵族，将成为宝马历史上无可替代的掌舵者，在超过四分之一世纪的时间里，引领着这家公司走向永恒的辉煌。

第8章
梦幻之旅：宝马概念车

作为一家对自身定位和发展方向充满信心的企业，宝马很少用概念车来宣传技术成果或考察受众反应。当然，这并不是说宝马的概念车乏善可陈。像1972年的Turbo和2009年的Vision Efficient Dynamics这样的焦点车型，它们开启了汽车设计界的新纪元，而用于探索全新设计理念的Hommage系列则致敬了那些"让宝马之所以为宝马"的经典车型。

Turbo，1972年

1972年夏季奥运会将在慕尼黑举办的消息正式公布后，宝马意识到，这届"家乡"承办的体育盛事将成为品牌推广的绝佳契机。一款备受瞩目的概念车应运而生——首席设计师保罗·布拉克（Paul Bracq）准时为人们献上了魅力四射的Turbo，它所奠定的超级跑车设计语言，将对后世车型产生深远影响，其中就包括乔治·乔治亚罗（Giorgio Giugiaro）于1978年设计的惊世骇俗的M1。

Turbo "复活"了鸥翼式车门——1938年由英国人首次申请专利，并使这一设计元素成为超级跑车的必选项。令人困惑的是，尽管拥有低矮平直的科幻造型，以及暴躁的209kW（280hp）2L排量8气门发动机，但Turbo却被宝马严肃地称为"移动研究中心"（rolling research laboratory），

因为公司赋予它的主要使命是测试和验证先进主动/被动安全技术。Turbo 的安全配置水平的确超越了当时的美国安全法规要求：液压缓冲式保险杠能充分吸收碰撞能量，降低车身损坏程度；安全带未系感应装置与发动机起动装置关联，不系安全带无法起动发动机；当车首雷达探测到距离前车过近时，发动机控制系统会自动关闭节气门——三十年后，当自适应巡航控制系统（Adaptive Cruise Control，ACC）实现了市场化时，类似的技术理念才在量产车上普及开来。当然，无论有多少先进技术加身，Turbo 的一鸣惊人，以及对产业界的广泛影响，都要拜布拉克的出色设计所赐。

Z21（Just 4/2），1995 年

Z21（右下图）是一款具有特殊历史意义和工程价值的概念双座跑车，它诞生于宝马技术股份有限公司（BMW Technik GmbH，宝马旗下汇聚了精英设计师和工程师的子公司，译者注），与卡特汉姆（Caterham）及日后的 KTM X-Bow 异曲同工。像那些为赛道而生的跑车一样，Z21 的车轮和悬架与主车身分离，采用带有前后悬架安装点和防滚架的外露式轻质车架，搭载了来自 K1100 摩托车的 74.5kW（100hp）四缸发动机。宝马在风洞空气动力学研究领域取得的丰硕成果，使没有风窗和车顶的 Z21 在恶劣天气下仍能为驾驶者提供充分的安全保障。遗憾的是，Z21 的超前设计永远没有机会经受赛道的考验，因为它从未出现在宝马的量产计划中。

Z07，1997 年

1997 年的东京车展上，宝马冒着潜在的风险，使诞生于四十年前的意义非凡的 507 涅槃重生，并赋予它全新的称谓——Z07。设计师们的理念是为这款概念车注入"年轮式"的时代元素，就好像它经历了与 3 系或 5 系轿车相似的

代际更迭一样。在这款轻量化敞篷跑车身上,丹麦设计师亨里克·菲斯克(Henrik Fisker)"绘"出了致敬 507 的经典线条——菲斯克日后成为阿斯顿·马丁(Aston Martin)的设计总监,并最终在加州创办了属于自己的汽车公司(Fisker Inc,菲斯克股份有限公司,现主要生产新能源汽车,译者注)。

接近量产状态的 Z07,凭借来自 M5 的 V8 发动机,以及由金属辐条方向盘点缀的精致内饰,引起了业界的广泛关注。尽管某些人表示 Z07 的复古造型风格很难推动宝马的设计理念走向未来,但众多跑车爱好者的热情(当然还有他们的订金)打消了宝马的顾虑,公司高层甚至决定为量产 Z07 的铝质车身开设新的生产线。仅仅过了一年多,Z07 的量产版——Z8 就横空出世——相比 Z07,它只在造型上有细微变化(最大的变化是将硬顶敞篷改为软顶敞篷)。

Z9,1999 年和 2000 年

作为宝马对未来设计方向的诠释,1999 年问世的 Z9

Gran Turismo 概念车独具匠心。随着千禧年的临近，新任首席设计师克里斯·班戈（Chris Bangle）开始掌管设计工作室，在他的主导下，Z9 Gran Turismo 展现出了与之前产品截然不同的造型风格——它抛弃了许多曾经被视为不可撼动的宝马经典设计元素，并引入了一系列新设计元素，因此备受质疑——很多人都难以接受它夸张的尾部线条。同时，也很少有人能理解班戈的"直观交互理念"（Intuitive Interaction Concept）——以中控台上经过抛光处理的金属旋钮为核心的人机交互系统，即如今我们所熟知的 iDrive 系统。

尽管头顶 Gran Turismo 之名，但拥有舒展鸥翼车门的 Z9 更像是一款豪华 2+2 布局轿跑车。次年面世的 Z9 Cabrio 进一步展现了开篷状态，以及更为简洁的人机交互系统。多年来，这两款概念车一直饱受争议，特别是对那些坚持认为豪华轿车应该固守传统而非持续创新的"守旧派"而言。不过，Z9 显然为 2001 款 7 系（E65）的惊艳亮相铺就了一条坦坦大路。以今天的视角来看，很多人恐怕难以理解 Z9 的设计为什么会引起"轩然大波"。

X Coupe，2001 年

也许，历史对 2001 年降生的 X Coupe 显得有些过于苛刻了。在大多数人眼中，这款概念车是宝马首席设计师班戈最"离经叛道"的作品。在此之前，他已经因 Z9 概念车遭到了主流媒体的口诛笔伐，而 X Coupe 无疑成为那些媒体嘲讽他"生活在一个完全不同的星球"的又一项"例证"。

事实上，当时很少有人能真正领悟 X Coupe 的设计理念，更不用说去剖析它潜在的功能性和设计灵感，例如不对称式车身，以及后部与车身铰接的行李舱盖（其设计目的在于方便后排乘客进出）。X Coupe 的车身尺寸和造型令人备感困惑：你很难将它划入任何一个既有级别或种类，它看起来像一款充满活力的紧凑型轿跑车，但实际车身尺寸却远超"同类"。除了高耸的车顶之外，它还拥有硕大的轮毂和可观

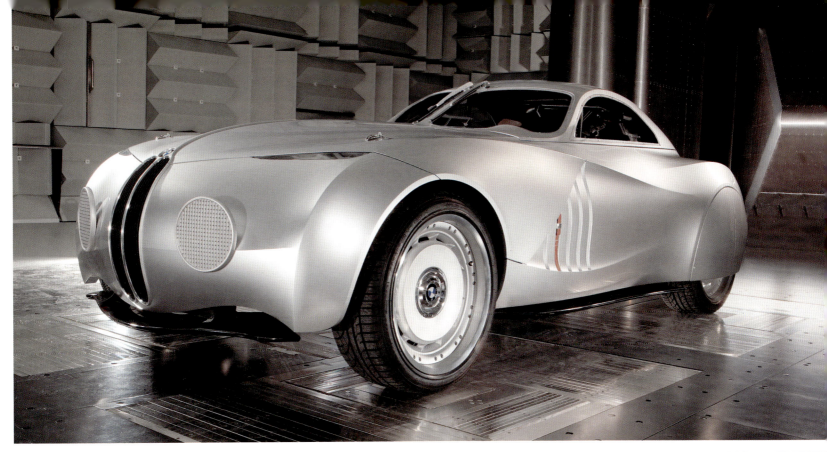

的底盘离地间隙。如今，我们可以轻松地为 X Coupe 归类，因为它就是所谓的"运动型多功能轿跑车"（Sports Activity Coupe，SAC，这一车型概念由宝马率先提出，译者注）。延续 X Coupe 的设计理念，宝马于 2008 年推出了无与伦比的 X6——仅仅从这款多功能轿跑车开辟了全新的细分市场，并取得了出色的市场表现这一层面出发，我们就理应向班戈标新立异的设计理念致以崇高的敬意。

Mille Miglia，2006 年

尽管从未在任何一届重要的国际车展上现身，但 Mille Miglia 是宝马第一款既充分向历史经典车型致敬，又没有盲目"复刻"一切元素的现代化概念跑车（相比之下，源自 507 的 Z07 更像是"复刻品"），它是对统治了 1940 年 1000 英里耐力赛的特殊版 328 轻量化跑车的再设计。

328 的经典元素在 Mille Miglia 上都得到了传承，但同时被塑造得更具现代气息：高挑而纤长的双肾形进气格栅一直延伸到发动机舱盖；圆形前照灯与车首线条交相呼应；风窗玻璃被中置双刮水器自然分隔为两部分；打孔轮毂致敬了 328 的原有设计；前轮拱后部的柔美曲线设计灵感源于 328 发动机舱盖两侧的散热栅；最引人注目的无疑是采用空气动力学设计的曼妙车尾，后风窗被车身曲线分割为不对称形状，而隐藏式后轮也能与车身完美融合。

CS，2007 年

在宝马高层看来，2007 年亮相的概念车 CS 就是计划中的 8 系豪华四门轿跑车的雏形，它拥有极富感染力的时尚造型，更具有成为宝马车型巅峰之作的潜质。作为一款旗舰级豪华轿跑车，CS 气度非凡——这并非源于它的车身尺寸，而是它低矮锐利的车身线条，以及对双肾形进气格栅的摩登诠释——轮廓更大、更具视觉冲击力。CS 的快背式车尾设计显然影响了后续的宝马轿跑车，这也标志着宝马正向班戈时代的复杂车身线条挥手道别。

CS 在内饰设计方面也匠心独到：金属仪表板上配有陶瓷制成的圆形控制旋钮。车迷们都翘首企盼着 CS 的量产，但 2008 年开始的全球金融危机最终使这一计划付诸东流。

Gina，2008 年

Gina 反映了班戈对探索极致人车交互体验感的热情，它不仅是一款概念车，更代表了一个超乎寻常的研究项目。Gina 周身最引人注目的无疑是柔性织物"表皮"（覆盖层）：碳纤维车架以金属丝或其他材料连接，柔性织物覆盖其上。班戈意图呈现的是消除了一切覆盖件间隙的无缝柔性表面，然而车门铰接处的织物还是会在车门开启时起皱，打开"发动机舱盖"也要沿车身中线拉开织物"表皮"。在班戈看来，这一设计理念着眼于材料技术的发展，它将允许驾驶者按自己的意愿和使用场景去改变车身外形。

M1 Hommage，2008 年

重新诠释一个公认的经典设计显然是一件高风险的事，更何况它还出自大师乔治·乔治亚罗之手。在 1978 年诞生的

M1临近三十岁之际,阿德里安·范·霍伊东克(Adrian van Hooydonk)领导的宝马设计团队,一直在殚精竭虑地审视着过往的"致敬经典"类作品,特别是两款诞生时间和车身尺寸都与M1相近的作品——福特GT40和兰博基尼Miura——两者都刚刚经历了不太成功的"复刻重生"之旅,因此霍伊东克必须尝试另辟蹊径。

宝马最终做到了,M1 Hommage车如其名——完美传承了前辈的精髓,不负经典之名。相对乔治亚罗的原作,M1 Hommage的车身尺寸有所增大,在全新设计语言下,其楔形车身融入了更为复杂的线条。在车身比例、线条和细节刻画等方面,霍伊东克团队并没有谨慎地照搬原作,而是充分渲染了时代风格。当然,即使这样,你仍能一眼认出它是一辆M1。唯一遗憾的是,M1 Hommage的用途仅限于探索车身造型风格——它没有发动机和传动机构,甚至连内饰都是空空如也。

Vision Efficient Dynamics,2009年

作为一家颇具前瞻性的企业,宝马借助风格激进的Vision Efficient Dynamics,向世人展现了高超的工程技术水平,以及极具想象力的视觉设计功底。

Vision Efficient Dynamics在2009年的金融危机阴霾中亮相。这款2+2布局概念跑车拥有低矮的车身和相对复杂的设计语言——电蓝色点缀着纯白色与钢琴黑交织的车身,巧妙地融合了优雅与科幻元素。毫不夸张地说,隐藏在Vision Efficient Dynamics惊艳外表下的,确实是"属于未来"的科技——插电式混合动力系统,其动力性能媲美M3,而燃油经济性又与微型车不相上下。

Vision Efficient Dynamics如闪电般划破天际:它既是宝马有史以来最具引领意义的概念产品,又是汽车产业界的伟大突破,足以车史留名。收获了一片赞誉后,宝马冷静地开始推进Vision Efficient Dynamics的量产工作。最终,人类迈入新能源时代的第一款超级跑车——i8,于2014年现世,它在日常通勤中拥有与纯电动汽车相仿的节能性,同时又能为每一位驾驶者提供充沛的动力与非凡的驾驶乐趣。

Vision Connected Drive，2011 年

Vision Connected Drive 是一款有趣的紧凑型双座跑车。它也许可以发展为 Z4 的继任者，或进一步缩小为马自达 MX-5 的竞争对手，但这些显然都不是宝马孕育它的初衷。这款概念跑车无法为你提供普通运动跑车所能带来的感官刺激，它的"独门绝技"是通过与周围环境沟通互融来提升驾驶体验感，使驾驶过程变得更轻松、更便捷。

2011 年 Vision Connected Drive 正式发布时，宝马在新闻稿中称它是"有史以来最智能的互联汽车"。宝马将有关通信、交互、网络和信息收集的一切技术都整合到 Vision Connected Drive 中。互联驾驶的基本理念，是车辆通过彩色编码的光纤通道从道路及其周围环境中收集信息，并在适当的时刻将这些信息传达给驾驶者。这听起来就像车展上昙花一现的概念场景，但你不能否认 Vision Connected Drive 的引领意义：它所配备的抬头显示器（Head-up Display，HUD，也称平视显示器）、智能手机连接功能、手势控制功能、智能地图系统、自动泊车系统、自动紧急制动系统以及集成式液晶仪表板，如今都已经成为很多车型的标准配置。

328 Hommage，2011 年

尽管与 Vision Connected Drive 有着相似的开放式双座布局，但 328 Hommage 将焦点由互联驾驶转移到了更加纯粹的驾驶体验感上。

328 Hommage 传承了活跃于 20 世纪 30 年代的运动跑车标杆 328 的特征，它有着极低的驾驶位置、开放式车门以及高挑而纤长的双肾形进气格栅，无框式风窗玻璃低矮且大角度倾斜，两个"背鳍"自桶形座椅后部向车尾延伸。在配置和车身姿态上，328 Hommage 又是完全现代化的，特别是在

车尾。对 328 独特细节的致敬融合了抽象画风格的设计元素，这使 328 Hommage 在同类概念产品中脱颖而出。此外，带有双耳式可拆卸轮毂盖的打孔合金轮毂、车侧和发动机舱盖上的两根皮质绑带以及十字胶带点缀的圆形前照灯，更为 328 Hommage 增添了浓郁的复古气息。

宾尼法利纳 Gran Lusso Coupe 和宝马 Vision Future Luxury，2013—2014 年

这两款大型豪华轿车分别由意大利宾尼法利纳集团（Pininfarina Group）和宝马设计工作室设计，宝马称此为"高端奢华思维的创意交流"。与此同时，宝马设计工作室完成了 2015 款 7 系的设计工作，这使三款车之间产生了奇妙的交互作用。宾尼法利纳以优雅的设计风格闻名于世，因此双座布局的 Gran Lusso Coupe 保留了典型的宝马式长轴距和发动机舱盖，霍氏拐角（Hofmeister kink）相对后移，双肾形进气格栅稍向前倾，且向上与发动机舱盖连为一体，高腰线平滑流畅，车尾相对较短且配有纤细的一体式尾灯。

宝马设计工作室操刀的 Vision Future Luxury 是一款观感厚重的四门轿车，它拥有纤细的激光前照灯和硕大的进气格栅，使发动机舱看起来愈发修长。其车身侧面有着复杂的手绘式线条，高挑的车尾带有 OLED 尾灯——这颠覆了人们对宝马经典 L 形尾灯的固有印象。此外，前轮拱后的通风口、逐渐变细的后门通风口等设计，均凸显了门槛处的线

条变化。

Gran Lusso Coupe 和 Vision Future Luxury 的内饰都运用了极致奢华的材质，例如生长周期达 48000 年的贝壳杉，以及触感无与伦比的真皮和羊毛。相比之下，Vision Future Luxury 的内饰设计主要围绕平视显示器和多点触控显示器展开，概念性更强，而 Gran Lusso Coupe 的内饰设计更接近量产状态。

3.0 CSL Hommage，2015 年

作为致敬经典车型的 Hommage 系列的第三款作品，3.0 CSL Hommage 的问世也许是最激动人心的——2015 年，在意大利湖区的艾斯特庄园优雅竞赛（Concorso d'Eleganza Villa d'Este）上，它成功俘获了所有观众的心。

典雅的 3L 排量双门跑车 CS 是宝马于 20 世纪 60 年代末推出的一款经典车型，其赛道版在欧洲赛场上所向披靡。1972 年问世的"狂傲不羁"的 3.0 CSL 配备了激进的后扰流板，被赋予"蝙蝠车"（Batmobile）之名，它将整个车系推向了巅峰。

续写传奇的 3.0 CSL Hommage 车身长、宽分别达到了 5m 和 2m，采用了夺目的荧光黄涂装，相比"前辈"更为狂野。在车身造型方面，尽管 3.0 CSL Hommage 拥有与"前辈"一脉相承的比例和特征，但如果从三维视角看，你很快就会发现它的设计更为复杂：车首和前轮拱附近采用了最新的分层式设计，轮拱包裹着发动机舱盖，辅以黑色分割线——这正是"蝙蝠车"的特征。车尾的分层设计则使尾灯沿车尾线条弯折，通过巨大的扰流板伸向车身另一侧，同时，LED 灯带勾勒出曼妙的曲线——这绝对是汽车设计史上最惊艳的尾灯之一。进入驾驶室，你会感受到充斥着先进技术的浓郁竞赛风格，但同时也不乏致敬经典的匠心细节——风窗玻璃正下方镶嵌着一块精致的实木板，与 1968 款 CS 如出一辙。

第9章
冯·金海姆时代（一）：荣耀之路

1970年1月，宝马的董事长宝座迎来了一张新面孔——四十二岁的埃伯哈德·冯·金海姆（Eberhard von Kuenheim）——当时宝马董事会中最年轻的成员。作为一名资深工程师，此前冯·金海姆曾领导匡特家族旗下不景气的IWK工业设备公司（IWK Verpackungstechnik GmbH）走出困境，使这家危在旦夕的企业重归正轨。然而，冯·金海姆明显缺乏汽车企业的操盘经验，而且他实在太年轻了，因此很多人都在质疑赫伯特·匡特的选择是否明智。

幸运的是，冯·金海姆的小试牛刀很快取得了成效，质疑声随即烟消云散。此时的宝马正处于前所未有的良好状态：在1967—1968年间的全球小幅经济衰退背景下，公司销售额竟然逆势增长了23%，营业额更是首次突破10亿德国马克；保罗·哈内曼主导建立的经销商网络羽翼渐丰，他甚至打算收购陷入困境的蓝旗亚公司（Lancia）——但被菲亚特以更高的报价抢占了先机；全新的丁戈尔芬工厂（Dingolfing）正式落成，前景大好的5系轿车也蓄势待发——它将接过1961年救宝马于水火的"新级别轿车"的衣钵。蓝天白云标志将再次腾空而起，一切似乎都很完美。

可冯·金海姆依旧忧心忡忡——尽管在他掌舵的六年间宝马的产量已经翻了一番，但他显然有更长远的考虑。也正是这样的危机感和远见，使他能引领宝马在近二十五年的时间里不断前行：截至1993年，宝马的汽车产量和摩托车销量分别达到冯·金海姆入主之初的4倍和3倍，销售收入更

▲ 赫伯特·匡特携妻子参观新落成的宝马丁戈尔芬工厂，这里将生产全新5系轿车

◀ 初代5系肩负着接替"新级别轿车"的重任

宝马 第一代5系（E12），1972—1981年

初代5系接过了曾在1961年救宝马于水火的"新级别轿车"的衣钵，宝马重新启用了第二次世界大战前的型号命名方式。尽管初代5系与"新级别轿车"相比臃肿了一些，运动气质也不再浓郁，但却收获了广泛的赞誉。作为宝马的发展基石，它树立了全新的内饰和造型设计风格，并为21世纪的"三核心"产品策略奠定了基础。

1972年：520和搭载燃油喷射系统的520i在法兰克福车展上发布，两者的发动机输出功率分别为115hp（86kW）和125hp（93kW）。
1973年：搭载145hp（108kW）六缸发动机的525问世。
1974年：为应对石油危机，推出了搭载1.8L发动机的518。
1975年：在欧洲发布528，在北美发布530i。
1977年：520开始搭载M20六缸发动机，其输出功率为122hp（91kW）。528配备了燃油喷射系统。由宝马汽车运动公司打造的M535i发布，其发动机输出功率可达218hp（163kW），匹配五档变速器。
1981年：第一代5系停产，总产量为69.74万辆。第二代5系（E28）问世。

▲ 埃伯哈德·冯·金海姆（左）为宝马聘请了众多管理精英，其中就包括鲍勃·鲁茨（右）

是增长了18倍，而且每年都能获得丰厚的营业利润。这对任何大型工业企业而言都是不可思议的成就，更不用说是需要大量投资且极易受法律法规影响的汽车制造企业。冯·金海姆任董事长期间，主导推出了近百款汽车和30款摩托车，使宝马从一家中型汽车制造商，一跃成为全球范围内最具影响力的品牌之一，更重要的是，它首次超越了老对手——梅赛德斯-奔驰。

事实上，宝马的这段腾飞历程并不如外界看起来那样无往不利。冯·金海姆认为选贤任能是企业正常运转的基石，因此他的上任"三把火"首先在董事会"烧"了起来。最具争议性的人事举措显然是解雇哈内曼——这名雷厉风行的销售经理为宝马品牌的壮大立下了汗马功劳，但冯·金海姆认为他富于侵略性的营销风格已经与时代格格不入。作为备受员工拥戴的领导者，哈内曼的"被下台"甚至引发了一场象征性的罢工活动——这是宝马发展史上为数不多的罢工事件之一。与此同时，冯·金海姆积极地从外部引进人才，众多来自福特和保时捷等强劲对手的资深经理人纷纷携手加入宝马团队。其中，来自通用-欧宝的瑞士裔美国人鲍勃·鲁茨（Bob Lutz）无疑是佼佼者，他主导成立了宝马汽车运动股份有限公司（BMW Motorsport GmbH），并从福特挖来了约亨·尼尔帕什（Jochen Neerpasch）。

20世纪70年代初，美国的排放法规逐步趋严，市场对排放技术的要求也水涨船高，众多欧洲汽车制造商不得不斥巨资开发符合排放要求的发动机。1972年慕尼黑奥运会期间，宝马借主场之势开始大力宣传新技术——蓝天白云标志的巅峰随之而来：宏伟的"四缸大厦"（four-cylinder）总部投入使用；纯电动汽车1602引导着运动员们在奥运村巡游；保罗·布拉克设计的概念车Turbo赢得了一片赞誉，作为那个时代最迷人的工业设计作品之一，这款能爆发149kW（200hp）最大功率的超级跑车深深影响了日后的M1——当其他汽车制造商还在为笨重且丑陋的"安全技术验证车"而沾沾自喜时，宝马已经能赋予Turbo这样的技术验证车时尚且灵动的轻盈气质。

对宝马而言，这一时期最具推动意义的事件无疑是丁戈尔芬工厂的落成以及5系轿车（E12）的投产。作为"新级别轿车"的继任者，5系的发动机排量重回战前水平，而车

▲ 在生产线转移到柏林斯潘道以及全新 /5 发布后,宝马的摩托车业务重新焕发出生机

身也采用了标准尺寸,这标志着其市场定位的微妙转变。布拉克笔下的 5 系拥有新颖、现代、优雅的车身线条,内饰更是人机工程学与信息技术的完美结合。在驾驶体验感上,5 系相对"前辈"发生了翻天覆地的变化:动力输出更加平顺,底盘的运动特性大为收敛,舒适性和精致感均大幅提升。

一些"守旧派"将 5 系的"华丽转身"视作宝马对运动传统的背叛,但大多数消费者显然并不这样认为——520 和 520i 上市首年就售出了约 6 万辆。随后,搭载六缸发动机

1972年慕尼黑奥运会期间，宝马以极具未来感的Turbo概念车，以及作为运动员巡游引导车的电动版1602展现了自己的创造力

的525i,以及为应对第一次石油危机而打造的经济性优异的518,都取得了不俗的市场反响。20世纪70年代,接踵而至的两次石油危机导致燃油价格持续高涨,而周日驾驶禁令等限制性政策的出台,进一步加剧了欧洲市场的恐慌和逆反情绪。当一些制造商纷纷走上解雇员工、关闭生产线的不归路时,宝马高层保持了相对理智的状态——518的推出就是绝佳例证,直到1981年,它都是整个5系中最受欢迎的一款。最终,第一代5系轿车的总销量达到了傲人的近70万辆。

与此同时,石油危机带来的经济衰退使宝马放弃了继续生产2002 Turbo的计划,转而为'02车系引入了一位更为"经济"的成员——1502,它搭载低压缩比发动机,天生与高性能无缘。不过这的确是顺应时代之举,更何况即使没有强劲的发动机,蓝天白云标志的质量、舒适性和前沿设计也是可靠的卖点。冯·金海姆在决定推出1502时就划定了一条底线——任何售价低于1502的产品都无法展现宝马所需要的精致感,换言之,这意味着宝马将不会推出定位低于1502的车型——可见,"泡泡车"问世后仅仅不到十年,宝马品牌就已经实现了彻底的蜕变。

1975年夏,全新的5系轿车如日中天,这使'02系列难免有些黯然失色。于是,宝马在6月推出了全新的3系轿车(E21)——原本趋于平缓的销量曲线再次直上云霄。3系继承了5系的设计风格,但车身更小,拥有轿跑式双门布局,并且重新启用了宝马标志性的双圆形前照灯。楔形车身轮廓使3系动感十足,而紧凑的尺寸和灵敏的齿轮齿条式转向机构又赋予它出色的运动性。此外,3系以驾驶者为中心的中控台定义了全新的宝马内饰设计理念。

3系上市时所面临的舆论环境与5系如出一辙:很多媒体"怨声载道",他们认为3系丧失了源自'02系列的与生俱来的运动能力。但销量再次给了质疑声有力的回击:3系首年销量超过13万辆,助力宝马汽车年产量稳步向35万辆迈进——逼近了老对手梅赛德斯-奔驰。此时,幕后的"操盘团队"也悄然发生了变化:鲁茨和布拉克相继离开,同时,克劳斯·卢特(Claus Luthe)走上了设计总监的岗位——他随后缔造了划时代的NSU Ro80。

尽管一些产业研究者指责宝马在研发、设备采购和人事

宝马 第一代3系(E21),1975—1983年

与前辈'02系列相比,初代3系更大、更现代、更舒适,它为宝马带来了更多客户,包括那些不太注重运动性的客户。作为宝马第一款销量突破百万辆的产品,这款紧凑型双门轿车操控灵活,极具驾驶乐趣,其偏向驾驶者的中控台引领了内饰设计潮流。

1975年:316、318、320和320i问世,后两款的前照灯配有四具灯座。
1977年:320/6取代了320,搭载全新122hp(91kW)M20六缸发动机。增加了由鲍尔车身制造厂代工的敞篷车型。
1978年:搭载143hp(107kW)2.3L六缸发动机的323i问世,取得了良好的市场反响。
1981年:发动机输出功率为75hp(56kW)的入门级车型315问世。318配备了燃油喷射系统。
1982年:除315外,其余车型全部停产。第二代3系(E30)问世。
1983年:315停产,第一代3系总产量达到136.4万辆。

▲ 在初代3系取代'02系列后,宝马的销量开始飞速增长

初代3系的内饰引领了一体化设计风格 ▽

等方面的支出过于"随意",但这并没有妨碍宝马稳步推进自己的技术研发工作,例如新型柴油发动机,以及曾因经济衰退而放缓的大型汽车项目。当然,优先级最高的是计划配装3系和5系轿车的全新小排量六缸发动机。1977年末,M20发动机正式投入量产——这型平顺的六缸发动机使320/6和520/6的驾驶体验感变得更加精致。主打运动的323i搭载了输出功率可达107kW(143hp)的经过特殊调校的M20,在动力性能上超越了人们记忆中备受追捧的2002 tii。

当323i成为车迷们梦寐以求的性能机器时,车系的入门款——316也坐稳了同类车销量榜的第二位,这无疑证明了宝马汽车在造型设计和做工品质上的口碑,已经不逊于它的动态表现。随着宝马品牌市场占有率的逐步提高,第二代3系轿车(E30)于1982年问世——此时的3系已经成为宝马旗下第一款销量突破百万的车型。

宝马的一帆风顺不可避免地引来了竞争对手们的妒忌:经济衰退时期,当其他厂商大多陷入困境时,宝马的销量却在稳步攀升。在这样的背景下,冯·金海姆依旧高度重视宝马的品牌定位,并且表现出了相比以往更加决绝的态度——在坚守豪华品牌价格水平的前提下继续控制产能。据报道,冯·金海姆甚至曾考虑完全放弃四缸发动机,但这一决议最终在相对保守的车辆研发总监卡尔海因茨·拉德马赫尔（Karlheinz Radermacher）的反对下作罢。

先于全新小排量六缸发动机面世的是两个截然不同的高档车系——基于5系打造的6系轿跑车（E24），以及根据冯·金海姆的车型规划打造的7系豪华轿车（E23）。布拉克为两个新车系创造了个性鲜明的设计风格，尤其是修长而优雅的6系——它拥有流畅的车身线条和完美的车身比例。相比之下，尽管7系轿车在观感上略显庞大和臃肿，但在人们已经厌倦了梅赛德斯-奔驰S级轿车"陈旧"面孔的时候，它无疑为豪华轿车市场注入了一股新风。

当7系正式发布时，宝马对它的期许是"自信而不自负"，这表明宝马已经吹响了再次进军豪华轿车市场的号角，并开始无畏地挑战梅赛德斯-奔驰的地位。自20世纪60年代中期以来，车迷们一直在畅想着"更大的宝马"，而公司上下也从未丧失"会当凌绝顶"的豪情。在综合权衡了V8发动机和V12发动机的发展前景和性能特质后，宝马最终选择了V12发动机作为未来顶级车款的"心脏"，但1979年的第二次石油危机迫使研发计划暂时搁置。作为权宜之计，冯·金海姆决定先以3.3L直列六缸涡轮增压汽油机迎战梅赛德斯-奔驰。然而，当745i凭借这颗输出功率达188kW（252hp）的强大"心脏"捍卫了同级动力最强的殊荣时，却输掉了口碑和市场：这款宝马旗舰轿车并不易于驾驶，而且油耗很高，更糟糕的是质量也不可靠。转瞬间，宝马为旗下豪华轿车建立起的宝贵声誉一扫而光。尽管在经历了两次发动机和变速器升级后，宝马最终给出了一个令人满意的解决方案，但损失已经无可挽回。直到千禧年后，宝马才重返曾令自己"黯然神伤"的涡轮增压汽油机市场。

▲ 宝马依靠第一代7系（E23）在被梅赛德斯-奔驰统治的豪华轿车市场中成功开辟了一片天地

▷ 出色的6系双门轿跑车是保罗·布拉克最优秀的设计作品之一，图为后期款635i

宝马 第一代 6 系（E24），1976—1989 年

优雅的 6 系双门轿跑车基于 5 系轿车打造，它搭载了更强劲的六缸燃油喷射发动机，配置也更豪华。作为第一款 M 车型，M635 CSi 取代了在赛车运动中大获成功的 3.0 CSi 系列。这一代 6 系的生产周期长达 13 年。

- **1976 年：** 搭载 185hp（138kW）化油器发动机的 630 CS 和搭载 200hp（149kW）燃油喷射发动机的 633 CSi 同时问世。
- **1978 年：** 发动机输出功率 218hp（163kW）的 635 CSi 最高行驶速度可达 220km/h，它是同期四座跑车中的"速度之王"。
- **1979 年：** 搭载 184hp（137kW）发动机的 628 CSi 取代了 630 CS。
- **1982 年：** 633 CSi 停产。
- **1984 年：** 由宝马汽车运动公司研发的 M635 CSi 问世，它搭载了与 M1 超级跑车相同的 3.5L 排量 24 气门发动机，输出功率为 286hp（213kW），售价接近标准版 6 系跑车的两倍。
- **1987 年：** 628 CSi 停产，仅生产 M635 CSi。
- **1989 年：** M635 CSi 停产。

▲ 涡轮增压发动机赋予 745i 优异的动力性能，但不成熟的技术也使它饱受可靠性问题困扰

在 1978 年的股东大会上，冯·金海姆向股东们表示，宝马将 30% 的研发精力投入到了满足世界各地形形色色的排放法规上。晚些时候的技术发布会上，工程师为记者们介绍了三型试验性动力单元：高压缩比 2.4L 六缸汽油机；采用"闭缸"技术的六缸汽油机，在不同工况下它能以六气缸或三气缸模式工作；由宝马与奥地利斯太尔公司（Steyr）联合研制的、输出功率为 93kW（125hp）的 2.4L 六缸涡轮增压柴油机。

在上述试验性动力单元中，最引人注目的是六缸涡轮增压柴油机，它使人们相信原本只与"经济性"关联的柴油机也能兼顾动力响应性。遗憾的是，宝马与斯太尔中途分道扬镳，并全权接管了这一研发项目。尽管最终的量产型成功搭载在 524td 上，但受限于产能，后者作为当时世界上速度最快的量产柴油轿车，在欧洲市场上只发售了 1984 款，而在美国市场上也只有 1985 款和 1986 款。

进入 20 世纪 80 年代，宝马首次跻身世界主流汽车制造商之列。冯·金海姆计划到 1982 年将汽车年产量提升至 35 万辆，并建立一个综合性创新研发中心，即 FIZ（Forschungs- und Innovationszentrum）——它将为 2000 余名工程师架起与生产厂和公司总部间的沟通桥梁，在公司内部居于无可替代的地位。

▲ 精巧的 M20 六缸发动机赋予 3 系和 5 系轿车别具一格的驾控感受

宝马 第一代 7 系（E23），1977—1986 年

宝马推出初代 7 系意在与梅赛德斯 - 奔驰的旗舰车型 SE 一较高下。初代 7 系的工程设计基础源自 2500/2800 六缸轿车，它简洁利落的车身线条与 6 系双门轿跑车异曲同工。初代 7 系采用了很多创新技术，包括电控点火和燃油喷射系统。先期问世的 3 系和 5 系轿车所具有的出色品质在初代 7 系上得到了更美妙的诠释。

1977 年：728(170hp/127kW)、730(184hp/137kW) 和 733i(197hp/147kW) 同期问世。

1979 年：732i 问世，它搭载的 3.2L 发动机是世界上第一型采用 Motronic 全工况电控燃油喷射和点火系统的发动机，输出功率为 197hp (147kW)。735i(218hp/163kW) 取代了 733i。

1980 年：搭载 252hp(188kW) 涡轮增压发动机的 745i 成为 7 系的旗舰车型，它是当时动力性能最强的德国品牌豪华轿车。三档自动变速器和制动防抱死系统（ABS）成为 745i 的标配。

1982 年：初代 7 系经中期改款后，双肾形进气格栅变得更宽且更方正。

1983 年：745i 的发动机经过重新调校，匹配了四档自动变速器，行驶品质得到提升。

1984 年：745i 的发动机排量增大到 3.4L(3430cc)。全系车型标配制动防抱死系统（ABS）。

1986 年：初代 7 系停产，总产量为 28.5 万辆。

硕果累累

1981 年，宝马凭借 R80 G/S 探险摩托车首次斩获巴黎 - 达喀尔拉力赛（Paris-Dakar Rally）冠军——这是它当年夺得的四场比赛胜利中的第一场。同年夏初，第二代 5 系轿车（E28）即将迎来首秀，业界都期待着从它身上窥探宝马的发展方向。然而，最终亮相的新 5 系令所有人大跌眼镜——它看起来似乎只是已经服役 9 年的第一代 5 系的"中期改款"。舆论一片哗然：作为一家以创新能力和出色设计闻名的充满活力的"年轻"企业，宝马竟然推出了如此"谨慎"的换代车型，这是否意味着它已经迷失了方向？

对此，宝马的回应是，"似曾相识"的第二代 5 系实际上已经"脱胎换骨"：得益于计算机辅助结构设计，第二代 5 系相对第一代减重 100kg；空气动力学特性显著改善；包括入门款 518 在内的所有款型都采用了发动机燃油喷射系统。总而言之，第二代 5 系拥有更为出色的动态表现，它变得更平稳、更舒适、更优雅——它在很大程度上代表了工程技术层面的进步，而非造型设计理念的转变——宝马坚信自己的用户很快就会适应这样的迭代方式。事实证明，舆论制造的"危机感"完全是虚无的，相对"沉闷"的设计并没有拖累第

第二代 5 系（上图）的造型与第一代（下图）大同小异，但在车身架构和工程技术上已经脱胎换骨

二代 5 系，在 7 年的生命周期中，它的总销量超过了 70 万辆，而且不乏一些车史留名的经典款型，包括第一代 M5 超级运动轿车，以及如流星般划过的 525e 和 528e——它们首次搭载了具有低阻、低振动特性的低转速发动机，拥有更高的燃烧效率和运转稳定性——这无疑是领先于时代的技术理念：直到 21 世纪的第二个十年，其他汽车制造商才逐步意识到降低转速的意义。

1983 年，第二代 3 系轿车（E30）引领着宝马走向了新一阶段的技术革新和设计风格转型——首席设计师克劳斯·卢特对品牌的影响也开始显现。就造型而言，第二代 3 系相比第二代 5 系更具革命性，它看起来新颖、整洁，且富于现代气息，因此同样备受青睐。很快，宝马就为 3 系引入了敞篷版、旅行版（重启 Touring 标识）、四驱版和柴油版等新成员。当然，还有所向披靡的准赛车 M3，它统治了欧洲房车赛场，为公路竞逐树立了新标准。

时至 1983 年底，宝马可谓处处春风：尼尔森·皮奎特（Nelson Piquet）驾驶着搭载宝马涡轮增压发动机的布拉汉姆（Brabham）BT52 赛车赢得了世界一级方程式锦标赛（F1）冠军；公路车销量的百分比增幅达到了两位数；位于雷根斯堡（Regensburg）的第三座生产厂正式奠基，计划于 1987 年完工。不过，一向审慎的冯·金海姆并没有因此而自鸣得意，他不无担忧地向英国《金融时报》（Financial Times）表示："产量和利润都大幅增加的时代即将结束。"《金融时报》的调查也表明，几乎每个能买得起汽车的德国人都已经拥有了至少一辆私家车，不可靠的"更新"和"改善"性需求将取代"对拥有第一辆汽车的渴望"，更何况德国的人口数量已经走上了下行道。此外，经济腾飞引发了德国马克的大幅升值，这导致向美国出口汽车的利润节节下降。一些评论员认为，宝马应该向多元化方向发展，进军其他行业——就像刚刚收购了飞机制造商梅塞施密特（Messerschmitt-Bölkow-Blohm）的奔驰那样。

然而，冯·金海姆给出了更理智的答案："我们收购的公司应该有一定规模，保证我们的投入是值得的，当然规模也不能太大，否则出现严重错误时会危及宝马自身。"颇具戏剧性的是，日后发生的一切似乎印证了冯·金海姆的"预言"：奔驰与梅塞施密特的"跨行业"联姻以失败告终，而宝马与

宝马　第二代 5 系（E28），1981—1987 年

第二代 5 系的造型与初代相差无几，但首次采用了计算机辅助设计，因此空气动力学特性更优，全重降低了 100kg。第二代 5 系的创新配置包括 Motronic 发动机电控系统、油耗表、保养提示功能、车载电脑以及制动防抱死系统（ABS）。强调运动性的 528i 可选配密齿比五档变速器。

1981 年：518、518i、520i（125hp/93kW）、525i（150hp/112kW）和 528i（184hp/137kW）同期问世。

1983 年：在欧洲发布柴油版 524td（115hp/86kW）。533i 成为美国市场上的"速度之王"。强调节能性的 525e（面向欧洲市场）和 528e（面向美国市场）问世。

1984 年：搭载 218hp（163kW）发动机的 M535i 问世，它的底盘离地间隙相对标准版更小，还配备了车身空气动力学套件。

1985 年：M5 取代了 M535i，搭载了宝马汽车运动公司为 M635 CSi 开发的 24 气门发动机，最大输出功率为 286hp（213kW），最高行驶速度可达 245 km/h。

1987 年：第二代 5 系停产，总产量 72.2348 万辆。第三代 5 系（E34）上市。

宝马 第二代3系（E30），1982—1993年

第二代3系引入了旅行版、四门版和敞篷版，在11年的生产周期中售出了超过200万辆。与第二代5系相同，第二代3系也配备了油耗表、故障自检系统和车载电脑。此外，第二代3系的底盘经过重新调校，后悬架几何得到改进，缓解了转向过度问题。

1982年：双门版316、318i、320i和323i（139hp/104kW）同期上市。
1983年：引入四门版车型。
1985年：搭载171hp（128kW）发动机的325i取代了323i。柴油机车型324d（86hp/64kW）和四驱车型325iX问世。
1986年：敞篷车型325i和高性能车型M3问世。M3由宝马汽车运动公司打造，车身得到加强，搭载2.3L排量16气门DOHC（双顶置凸轮轴）四缸发动机，输出功率为195hp（145kW）。
1987年：经过中期改款，318i搭载了配有Motronic电控系统的发动机。324td配备了数字式发动机电控系统（DME），输出功率为115hp（86kW）。
1988年：旅行版投入量产。推出敞篷版M3。搭载215hp（160kW）发动机的M3 Evolution上市。
1989年：318iS搭载了配有Motronic电控系统的新型16气门发动机，输出功率为136hp（101kW）。
1990年：M3 Evolution的发动机输出功率提高至238hp（177kW），最高行驶速度可达238km/h。
1991年：第二代3系轿车版停产，敞篷版和旅行版继续生产。第三代3系（E36）投产。
1993年：第二代3系敞篷版停产。
1994年：第二代3系旅行版停产。

于贝尔·奥里奥尔（Hubert Auriol）驾驶宝马R80 G/S在1981年的巴黎-达喀尔拉力赛中荣获冠军。作为探险摩托车（ADV）的开山之作，R80 G/S对此后数十年的摩托车市场产生了深远影响

自己大手一挥收购的罗孚（Rover）之间也没能达成默契关系。

在1986年的法兰克福车展上，冯·金海姆接受《金融时报》采访时表示：宝马每年只会主动增产约2万辆汽车，如果年产量超过60万辆，宝马就会面临失去个性的风险，而正是独树一帜的个性赋予了宝马持久的魅力。冯·金海姆的信心不仅仅源于第二代7系——这款豪华轿车将开启宝马设计风格的新纪元，他心中还保守着一个秘密：镶嵌着蓝天白云标志的全新V12发动机即将破茧而出，它将助力7系轿车一举击败梅赛德斯-奔驰S级轿车，成为德国本土市场上最受欢迎的豪华轿车——三叉星徽标将首次在蓝天白云标志下黯然失色。更重要的是，大多数人都不会意识到，一系列伟

▲ 停放在"四缸大厦"和宝马博物馆前的第二代3系（E30）

大的历史性变革即将到来——柏林墙倒塌、苏联解体，全球政经格局的重塑，将催生众多利润丰厚的新兴市场，并再一次推动着汽车产业走上荣耀之路。

第10章

性能、表现与艺术

20世纪70年代中期，法国赛车手兼拍卖商埃尔韦·普兰（Hervé Poulain）与身为宝马赛车总监的好友约亨·尼尔帕什在电话中探讨了一个新奇的想法。对艺术市场也颇有研究的普兰告诉尼尔帕什，他想将参加勒芒24小时耐力赛的赛车变成一件艺术品，而宝马正是理想的合作伙伴。美国艺术家亚历山大·考尔德（Alexander Calder）也是普兰的老相识，这让事情简单了很多。不久后，采用考尔德式鲜艳涂装的第一辆宝马艺术车（BMW Art Car）现身勒芒耐力赛发车区。没有人知道，这辆与众不同的赛车将为宝马开创一个全新的经典"产品"系列——它们虽为公路而生，却成为展现不同艺术风格的载体，犹如一幅幅动态的画布，使汽车与艺术在融合中走向永恒。很多世界知名艺术家都曾参与到宝马艺术车的创作中，例如安迪·沃霍尔（Andy Warhol）、大卫·霍克尼（David Hockney）和杰夫·昆斯（Jeff Koons）。此外，一些来自南非、中国、冰岛和澳大利亚等国的艺术家，则借助宝马艺术车的舞台走向了世界。

2015年的宝马艺术车世界巡展开幕前，历年的"轮上雕塑"齐聚慕尼黑。随后，宝马公布了最新一辆，即第18辆艺术车的消息——它将成为首款由两名艺术家合作完成的作品——他们分别是来自中国的艺术家曹斐和来自美国的概念艺术家约翰·巴尔代萨里（John Baldessari），创作工作基于一辆全新的宝马M6 GT3赛车展开。

亚历山大·考尔德（Alexander Calder），3.0 CSL，1975年

纽约雕塑艺术家亚历山大·考尔德以色彩绚烂、轻柔唯美的动态雕塑作品闻名于世，他的大胆涂装为宝马艺术车计划描摹出梦幻般的起点。这辆搭载358kW（480hp）发动机的93号3.0 CSL赛车由车手萨姆·波西（Sam Posey）、让·吉谢（Jean Guichet）和埃尔韦·普兰在1975年的勒芒24小时耐力赛上轮流驾驶，但7小时后因传动轴损坏而被迫退赛。鲜艳而纯粹的红黄蓝三原色，围绕着这辆"蝙蝠车"富于张力的车身，以非对称方式"流转"——这是1976年逝世的考尔德走向生命尽头前完成的少数经典作品之一。

弗兰克·斯特拉（Frank Stella），3.0 CSL，1976年

美国抽象艺术大师弗兰克·斯特拉同样以3.0 CSL赛车为基础，为宝马艺术车计划再添杰作。他采用了以黑白网格

为主要元素的几何设计风格,黑色线条象征着机械部件,整辆车犹如一幅巨型方格纸。与考尔德的"超高速动态雕塑"一样,斯特拉的CSL也赢得了勒芒观众们的青睐。

罗伊·利希滕斯坦(Roy Lichtenstein),320i,1977年

罗伊·利希滕斯坦是20世纪60年代新波普艺术运动的领军人物之一,1977年的宝马5组赛车320i是展示他独特绘画技巧的完美载体。这辆320i周身布满由斑点组成的条纹和波浪形纯色线条,利希滕斯坦对此的阐释是:彩色线条描绘出汽车前进的道路,同时这件作品也象征着汽车行驶的环境。

安迪·沃霍尔(Andy Warhol),M1,1979年

作为波普艺术大师,安迪·沃霍尔以专业手法赋予M1赛车独特的摩登气质。沃霍尔解释说:"手工涂刷出的模糊色

彩营造出一种速度感,非常适合这辆350kW(470hp)的赛车。"现实中,这辆M1也的确不负盛名,在1979年的勒芒24小时耐力赛中斩获亚军。

恩斯特·福克斯(Ernst Fuchs),635 CSi,1982年

奥地利艺术家恩斯特·福克斯是维也纳魔幻现实主义学说(Vienna School of Fantastic Realism)的联合创始人,他是第一位受邀创作宝马艺术车的非美国籍艺术家。这也是宝马第一次以标准版量产车为基础打造艺术车。福克斯精湛的艺术表现技法在这辆蓝黑色跑车上展现出狂野的视觉效果——壮观的"火焰"从轮拱处喷涌而出,沿着发动机舱盖"蔓延"到车顶。

罗伯特·劳森伯格(Robert Rauschenberg),635 CSi,1986年

与利希滕斯坦相似,罗伯特·劳森伯格也是20世纪60年代纽约波普艺术界最具影响力的艺术家之一。身为画家和平面艺术家的劳森伯格,善于运用不同材料和色彩来打破绘画、雕塑和摄影等传统艺术形式间的界限。他亲手涂装的635 CSi是第一辆运用摄影技术的宝马艺术车:右前车门上展现了法国画家让·奥古斯特·多米尼克·安格尔

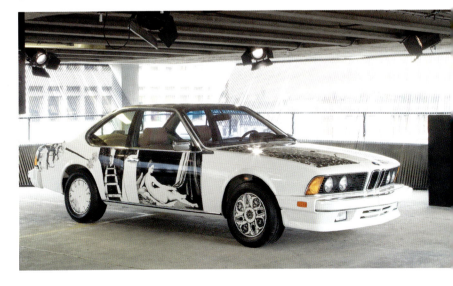

（Jean-Auguste-Dominique Ingres）那幅神秘的裸体画《大宫女》（Grand Odalisque），而左前车门则展现了意大利艺术家布龙齐诺（Bronzino）的作品。

迈克·贾加马拉·尼尔森（Michael Jagamara Nelson），A组赛车M3，1989年

以全黑涂装的宝马M3赛车作画布，澳大利亚原住民艺术家迈克·贾加马拉·尼尔森耗费7天时间诠释了他从祖父那里学到的古老艺术技法。尼尔森说，错综复杂的马赛克图形象征着大自然与动物。

肯·多恩（Ken Done），A组赛车M3，1989年

澳大利亚艺术家、设计师肯·多恩为M3赛车绘制车身涂装时，采用了绚丽的色彩和丰富的图案。车门下方有一个大号签名，而整个车身则表现出蓄势待发的动感。车首聚焦于光与热，而车尾则以冷色为主，辅以点点繁星。多恩解释说，隐藏在抽象线条中的是鹦鹉和鹦鹉鱼。

加山又造（Matazo Kayama），535i，1990 年

雪、月亮与樱花是加山又造笔下这辆宝马535i所展现的核心元素。这位日本画家、雕塑家、版画家通过使用喷枪，以及日本传统的截金（kirikane）和箔印（arare）技法，以一种全新的方式描绘出富于日式意境的主题涂装。

塞萨尔·曼里克（César Manrique），730i，1990 年

宝马730i的庞大车身赋予西班牙艺术家塞萨尔·曼里克充足的创作空间，以展现他大胆且绚丽的视觉理念。集雕塑家、画家、建筑师和平面/景观设计师等多重角色于一身的曼里克是坚定的环保主义者，他的宝马艺术车旨在传达大自然与人类科技间的和谐关系。

AR·彭克（AR Penck），Z1，1991 年

AR·彭克是出生于德累斯顿（Dresden）的拉尔夫·温克勒（Ralf Winkler）的别名。身为新表现主义画家，彭克以简笔画闻名，他还是出色的爵士鼓手。彭克选择了一辆亮红色的宝马双座跑车Z1作为"画布"，在创作中大胆引入了人、眼睛、狮子和鳄鱼等自然元素，以及一些神秘符号，展现出古代洞穴壁画的风格。

埃丝特·马兰古（Esther Mahlangu），525i，1991 年

埃丝特·马兰古不仅是第一位女性宝马艺术车创作者，还是第一位来自非洲大陆的宝马艺术车创作者。身为恩德贝勒人（Ndebele），马兰古以本民族部落传统艺术元素为灵感，在宝马525i的车身上描绘出粉红色、蓝色和紫色的几何图案

及装饰线条。远远望去，这辆 525i 周身色彩斑斓，连车轮都换装了炫彩装饰盘，整体效果极富动感。

桑德罗·基亚（Sandro Chia），M3 GTR，1992 年

意大利超前卫艺术家桑德罗·基亚深信，汽车是当今社会最具吸引力的工业产品之一，设计出色的汽车总能收获人们的芳心。基亚在 M3 GTR 的车身上描绘了层层堆叠的绚烂脸庞——他们似乎正注视着所有端详这辆车的人。漫不经心地一瞥，就能收获一双半眨的明眸或一张若有所思的笑脸，神秘感油然而生。

大卫·霍克尼（David Hockney），850 CSi，1995 年

英国艺术大师大卫·霍克尼在 850 CSi 上采用了"由内而外"（inside-out）的表现手法。根据宝马官方说法，霍克尼的初衷是打通车身内外的边界，他用亮红色、黑色和灰色的抽象元素来表现实物，而大拉链状的图案则象征着车身被撕开的状态。车身左侧清晰地展现了转向柱、驾驶者和后座的狗等元素。

珍妮·霍尔泽（Jenny Holzer），V12 LMR，1999 年

珍妮·霍尔泽是一位美国艺术家，她使用投影、大型展示板等设备来传达艺术信息，而信息表现形式通常是简洁而富于冲击力的文字。对霍尔泽而言，1999 款 V12 LMR 勒芒赛车是理想的创作载体——它通体无瑕且身形矫健。车身表面附有银箔制成的巨大标语"protect me from what I want"（远离我想要的一切），车尾扰流板上则写有"lack of charisma can be fetal"（缺乏魅力是致命的）。

奥拉维尔·埃利亚松（Olafur Eliasson），H2R，2007 年

冰岛雕塑家、装置艺术家奥拉维尔·埃利亚松受邀以意义非凡的 H2R 氢能源车（这辆修长的概念车兼具动力性与经济性）为基础创作艺术车。埃利亚松用一个形似蚕茧的白色螺旋网状钢罩取代了 H2R 原有的光滑车身，并覆上一层厚厚的冰，车身内部则装点有温暖的橙色饰灯。随着冰层慢慢融化，水滴落到地面上，车内结构渐渐清晰地呈现在观众眼前——在气候问题甚嚣尘上的今天，这显然是一个耐人寻味的隐喻。

杰夫·昆斯（Jeff Koons），M3 GT2，2010 年

或许整个艺术车系列中最具视觉冲击力的一款就是杰夫·昆斯的 M3 GT2 赛车——它参加了 2010 年的勒芒 24 小时耐力赛。缤纷绚丽的手绘条纹自双肾形进气格栅向后"绽放"，仿佛是颜料滴落在御风疾驰的车身上所自然形成的痕迹。车尾冲击感十足的炫目白色闪光图案，似乎在警示后车保持距离。整体而言，昆斯的"魔法"使这辆 M3 GT2 在行驶中更具美感和速度感。

第11章

冯·金海姆时代（二）：焕然一新

1986年初秋，巴黎车展上的惊艳表现使宝马再次成为舆论的焦点。慕尼黑总部外，嗅觉敏锐的投资商们排起了长队，他们试图说服身为宝马大股东的匡特家族出售一部分股权，但最终无功而返。有传言称，美国第三大汽车制造商克莱斯勒甚至为宝马开出了三倍于股市估值的收购价——在当时来看，这是一项极具诱惑力的提案。

20世纪80年代，宝马每年能售出超过30万辆3系，这对豪华品牌而言实属惊人；活力四射的5系在与奔驰W124（E级的前身）的竞争中完全不落下风，销售表现超出预期。只有征战顶级豪华轿车市场近十年的第一代7系显出令人担忧的疲态，这意味着革新换代已经迫在眉睫。实际上，冯·金海姆早已成竹在胸，当他在车展上揭开全新7系轿车（E32）的面纱时，每个在场的人都意识到，宝马打出了一张王牌——这是真正令人一见倾心的尤物。

第二代7系的造型设计风格无疑是颠覆性的，克劳斯·卢特大胆打破了宝马固守近二十年的传统——彻底抛弃了"新级别轿车"所树立的直线条设计理念，而在此之前，任何一位设计师都认为，这一引领宝马走出深渊的经典设计理念与蓝天白云标志是不可分割的。凭借过人的创意与技巧，卢特团队在保留双圆形前照灯、双肾形进气格栅和霍氏拐角等宝马核心设计元素的同时，勾勒出极具线条感的完美车身，而全新理念所催生的低车首、上升腰线，以及L形尾灯等特征，都将铭刻在宝马的品牌基因中。

走进驾驶室，730i和735i（最初提供的两个款型）满足了人们的所有预期。宝马凭借先进的电子设备，以及进一步完善的人机工程学设计，再一次引领了内饰设计潮流。在机械层面，尽管第二代7系相比前辈并没有质的提升，但它的驾驶感受的确变得更加出色，操控紧致、流畅且富于乐趣，同时，可调阻尼减振器的引入使它在运动性与舒适性间取得了平衡。更重要的是，第二代7系完美还原了冯·金海姆脑海中设想的形象，这证明宝马不仅是工程和电子技术领域的创新者，更是设计风格和品牌塑造方面的佼佼者。

全新7系并不是昂贵且徒劳的"面子工程"，冯·金海姆对它的商业价值心知肚明：尽管3系的销量占到宝马总销量的60%，但只贡献了45%的利润，而7系以仅占总销量10%的销量，贡献了20%的利润。在接受《金融时报》采访时，冯·金海姆表示，全新7系的设计宗旨就是鼓励客户购买级别更高、配置更多、价格更贵的车型，以促进营业额的

宝马　第二代7系（E32），1986—1994年

第二代7系是宝马发展史上举足轻重的车系，它在造型设计、制造工艺、工程技术、配置水平和品质方面都足以与同时代的奔驰S级相提并论。克劳斯·卢特笔下的车身线条饱含动感，六缸发动机拥有出色的动力性能，前排座椅和后视镜位置记忆等便利功能令人倍感尊崇。第二代7系的核心亮点是引入了宝马研制的第一型V12发动机，这使宝马在技术上首次超越了老对手梅赛德斯-奔驰。

1986年：在巴黎车展上推出730i（188hp/140kW）和735i（211hp/157kW），两者可选配五档手动变速器或采埃孚（ZF）四档自动变速器。

1987年：搭载300hp（224kW）5L排量V12发动机的750i问世，其最高行驶速度为250km/h（电子限速）。750i的双肾形进气格栅更大且更方正，它是世界上第一款配备超声波泊车传感器（倒车雷达）、氙气前照灯和电吸门的量产车。长轴距车型735iL和750iL（E32/2）问世。

1991年：全新四凸轮轴V8发动机取代了六缸发动机，分为218hp（163kW，配装730i）和286hp（213kW，配装740i）两个版本。搭载六缸发动机的730i作为全系入门车型继续生产。

1994年：第二代7系停产，总产量31.1015万辆。第三代7系（E38）投产。

增速超越销量增速。

六缸7系上市不到一年后，750i正式发布，对宝马而言，这是足以载入史册的非同寻常的一刻，因为750i所搭载的，正是令所有宝马人魂牵梦绕的V12发动机——曾经的远大抱负终于实现。这是近半个世纪以来德国制造的第一型全新的V12发动机，它与生俱来的优越性使宝马在工程技术领域有了比肩梅赛德斯-奔驰的底气，正如冯·金海姆在2004年的一次采访中所说的那样：

"20世纪80年代中期，7系的市场表现非常出色，我们确信自己的六缸发动机是当时世界上最好的发动机。每个人都认为我们接下来应该研发V8发动机，因为人们将V8发动机视作豪华车市场的入场券，市场调查结果也表明研发V8发动机不会是一项错误的决定。但我并不这样想，我说：不，我反对这样做，停下来！我们应该直接研发V12发动机。这对宝马而言显然是一个非常重要的决定，虽然完全违背了传统规则，但也使我们有了超越对手的机会。最终，我们推出了V12发动机，而且产量达到全球12缸发动机总产量的三分之二。这提高了我们在汽车行业中的地位，也使梅赛德斯-奔驰从此失去了俯视我们的可能。"

尽管V12发动机的推出极大鼓舞了每一位宝马人，但大家心中都很清楚，真正使蓝天白云标志屹立于豪华品牌市场的，实际上仍然是中级车系。内部代号E34的第三代5系于1987年秋季问世，它的造型不再像上一代车型那样"了无新意"：在卢特主导下，第三代5系拥有与新7系相似的设计风格，但外化的运动特征更加显著，蓄势待发的楔形车身彻底告别了曾经延续几代的方正风格。

对消费者而言，全新5系在造型风格上的吸引力丝毫不亚于技术创新——这是一款令人过目不忘的宝马，一款设计与技术相得益彰的杰作。与3系和7系共享六缸发动机的全新5系，在业绩最好的几年里，每年都能吸引超过20万名消费者加入宝马车主大军——这无疑使梅赛德斯-奔驰如坐针毡。为保持5系的"新鲜度"，宝马一直在努力引入新车款和新技术：旅行版、高性能柴油机版和四驱版，以及源自7

The best part of the journey.

Once again, the familiar "please fasten your seat belts". Once again, the squeal of tyres on the runway.

Once again, the end of a hard day's work. At last, even though it's getting late, your time is your own again. Things start well. A brisk walk to the car park, where your BMW 7 Series is waiting.

Now the passiveness of your journey so far gives way to enjoyable activity. The key in the door and the brief hum of the central locking sounds like a friendly "hello".

This time, fastening your seat belt is a welcome act. The cockpit's Check Control signals everything's ready for take-off. And it's good to know that it will go on monitoring all the car's vital functions every second of your journey.

Out onto the street. You immediately sense the 220 hp going to work.

Luckily, at this time of day, there's not much traffic about. Third gear, fourth, your BMW 735i reacts spontaneously. Its vitality demands attention, but never excessively.

The "precision-steering" suspension is finely tuned for easy, confident and dynamic handling, whatever your speed and whatever the conditions. A reassuring feeling of driving safety.

The motorway will be the fastest way home. In fifth gear you're cruising along at a healthy speed.

You lean back, enjoying the comfort. A sign of the new age: dynamism plus relaxation.

You're home. Time in the BMW 7 Series has passed quickly. A shame, really.

BMW — The ultimate driving machine

1986年面世的第二代7系，奠定了宝马旗舰车型优雅而沉稳的基调

全新 V12 发动机的发布，是宝马在技术实力和品牌声望方面开始与梅赛德斯-奔驰并驾齐驱的转折点

系的 V8 发动机和 24 气门六缸发动机。这其中最引人瞩目的是卓尔不群的 M5，它所搭载的高转速发动机输出功率高达 254kW（340hp），最高车速达 250km/h（电子限速）。

此时，冯·金海姆并没有沉浸在忘我的喜悦中，他清醒地意识到，新车型和新技术的成功不过是一场漂亮的小战役，核心业务结构才是左右公司未来的战略大计。时间来到 1987 年，宝马的营业利润已经开始走下坡路，这表面上要归咎于车系换代导致的研发投资增大，以及摩托车业务量的下滑，而更深层次上，德国劳动力成本的上涨速度显著超过其他主要经济体，德国马克的升值也在严重降低德国出口商品的竞争力。于是，宝马董事会不得不开始考虑改善生产物流系统，提高生产人员的工作弹性，甚至探讨了在海外投建工厂的可行性。

20 世纪 80 年代末，当宝马宣布将在美国投建第一座海外工厂时，一系列历史性事件的爆发使人们的目光转向了东方。1989 年 11 月柏林墙倒塌后，很多汽车制造商开始在德国东部寻觅商机，他们试图以较低的成本雇佣劳动力、收购工厂。然而，冯·金海姆并没有跟风之意——即使位于艾森纳赫的旧厂房唾手可得，即使那里曾经是宝马汽车业务的中心，他仍旧不加任何感情色彩地礼貌拒绝了所有商业提议——哪怕是来自老牌汽车制造商斯柯达的橄榄枝。冯·金海姆告诉《华尔街日报》（Wall Street Journal），他更愿意从头做起，组建高素质员工团队。直到 2001 年，在两任首席执行官的推动下，宝马才决定在德国东部城市莱比锡

（Leipzig）投建一座工厂。

在全球汽车消费市场一片低迷的背景下，德国再次统一后的经济繁荣可谓恰逢其时——1989 年，宝马的汽车销量逆势突破 50 万辆大关。加速前进中的宝马仍旧保持着一贯的谨慎：慕尼黑的 FIZ 研发中心正式投入使用，它将着眼于有潜质的长期项目，而不是那些为在繁荣市场谋求短期利益的项目。此时，新一代 3 系（E36）的量产工作已经准备就绪，只待 1991 年初全面铺开。

新一代 3 系对宝马而言至关重要，它将取代公司此前最成功的车型，贡献将近一半的销售收入。在宝马高层看来，也许在设计上选择稳妥的渐进式改变更符合一款豪华轿车的定位，但卢特显然有自己的想法——他希望给新 3 系带来脱胎换骨式的设计革新，而最终呈现给我们的一切也证明他的选择是正确的。

上市之初，全新 3 系不出所料地引发了一场论战：平整低矮的车首、略微翘起的楔形车尾，以及更低、更宽的双肾形进气格栅——这些改变是无可争议的，但当我们将视线转移到前照灯上时就会发现，宝马标志性的双圆形灯罩不见了，取而代之的是整体式矩形灯罩——只在内部保留了双圆形灯座。对此，"守旧派"们嘲讽说宝马已经丢掉了"脸面"，但他们并不了解，这其实是一种更符合空气动力学特性

宝马　第三代 5 系（E34），1987—1996 年

第三代 5 系在设计风格上迈进了一大步，与一年前推出的由克劳斯·卢特操刀的第二代 7 系一脉相承。第三代 5 系搭载的六缸发动机最初来自第二代 3 系和第二代 7 系，底盘和悬架则基于第二代 7 系打造，535i 配备了随速助力转向系统。这一代 M5 的性能攀上了新的高峰，畅销的旅行版生产周期长达 6 年。第三代 5 系在中级车市场上取得了前所未有的成功，一举击败了曾经的市场霸主梅赛德斯 - 奔驰，成为第一款销量超过 100 万辆的"大号宝马"。

1987 年：初期上市的 520i（129hp/96kW）、525i（170hp/127kW）、530i（188hp/140kW）和 535i（211hp/157kW）均搭载六缸发动机，可选配电动助力转向系统。
1988 年：宝马汽车运动公司研发的 M5 搭载了 3.6L 排量 24 气门直列六缸发动机，最大输出功率为 315hp（235kW）。搭载涡轮增压柴油发动机的 525td（115hp/86kW）问世。
1989 年：搭载四缸发动机的 518i（113hp/84kW）问世。
1991 年：旅行版问世，其行李舱盖采用了创新的双铰链设计（可单独开启后风窗）。四驱车型 525iX 问世。搭载中冷柴油发动机的 525tds（143hp/107kW）取代了 525td。
1992 年：M5 的发动机排量增大到 3.8L，输出功率达 340hp（254kW）。搭载 V8 发动机的 530i（218hp/163kW）和 540i（286hp/213kW）取代了 535i。520i（150hp/112kW）和 525i（192hp/143kW）搭载了新型 24 气门发动机，造型方面没有变化。
1995 年：轿车版停产，旅行版继续生产。第四代 5 系（E39）上市。
1996 年：旅行版停产，车系总产量达 130.6755 万辆。

▲ 第三代 5 系延续了第二代 7 系的平滑设计风格，是一款出色的运动轿车

宝马　第三代 3 系（E36），1990—1999 年

第三代 3 系的造型设计风格变得简约而流畅，它的生产周期长达 9 年，是宝马第一款销量突破 200 万辆的车型。第三代 3 系有 5 种不同的车身形式可供选择，整体上相较上代车型更大、更低矮，也更具运动性，由于采用了先进的"Z-axle"多连杆后悬架（Compact 版除外），其驾乘舒适性和弯道性能都大幅提升。第三代 M3 基于双门轿跑版打造，率先搭载了新型 24 气门六缸发动机。

1990 年：四门轿车版发布，316i（100hp/75kW）、318i（113hp/84kW）、320i（六缸，24 气门，150hp/112kW）和 325i（192hp/143kW）同时上市。

1991 年：双门轿跑版问世，最初只有 325i，后增加了 320i 和 318iS，搭载 16 气门 1.8L 排量 M40 发动机，输出功率为 140hp（104kW）。搭载六缸柴油发动机的 325td（115hp/86kW）问世。搭载中冷柴油发动机的 325tds 问世，输出功率为 143hp（107kW）。

1993 年：敞篷版投产，最初有 318iS 和 325i。双门轿跑版 M3 问世，采用由宝马汽车运动公司研发的 24 气门六缸发动机，输出功率为 286hp（213kW）。

1994 年：Compact 版（双门掀背版）316i 问世，配置简化，采用了第二代 3 系的内饰和悬架。敞篷版和四门轿车版 M3 问世。搭载 90hp（67kW）四缸柴油发动机的 318tds 问世。

1995 年：旅行版问世，包括 318i、320i、328i、318tds 和 325tds。325i 的四门轿车版、双门轿跑版和敞篷版换装了 2.8L 六缸发动机（193hp/144kW），更名为 328i。搭载新型 24 气门 2.5L 发动机的车型更名为 323i。

1996 年：升级版 M3 搭载了 320hp（239kW）的 3.2L 发动机，匹配六档手动变速器或 SMG 序列式变速器，提供双门轿跑版和敞篷版。318ti Compact 搭载了 1.9L 排量 16 气门发动机，输出功率为 140hp（104kW）。

1997 年：更具运动性的 323i Compact 问世，搭载了 170hp（127kW）六缸发动机。

1998 年：四门轿车版停产。第四代 3 系（E46）问世。

1999 年：双门轿跑版、敞篷版和旅行版逐步停产。

2000 年：Compact 版停产，车系总产量接近 300 万辆。

SONNTAGMORGEN, 7 UHR 15, FORMEL M.

Der neue BMW M5 auf Testfahrt auf dem Nürburgring. 6 Zylinder, 250 kW/340 PS, 6900 U/min, von 0 auf 100 km/h in 5,9 s.

▲ 星期天早上，7:15，驾驶"M"级方程式。这是宝马在纽博格林赛道上宣传搭载 340hp（254kW）发动机的第三代 M5

的现代化设计——很快，那些根本站不住脚的批评声就被赞美之声淹没。

紧随四门轿车版之后，卢特为人们奉上了双门轿跑版——为追求完美的空气动力学特性和视觉效果，它的每一个车身覆盖件都经过了重新设计。3 系轿跑版在市场上取得了巨大成功，年销量能保持在六位数的规模，特别是在引入敞篷版后。同时，3 系轿跑版为全新 M3 奠定了坚实的基础。与注重赛道动态表现的第一代 M3 不同，第二代 M3 更强调动力性，宝马赛车部门专为它打造的 3L 直列六缸发动机，比传奇的 M635 CSi 所搭载的发动机更强劲。

1994 年，宝马推出了采用双门掀背造型的 316i Compact，作为全系的入门款，它旨在与搭载 VR6 发动机的第三代高尔夫争夺紧凑型车市场。316i Compact 的车身相比四门轿车版 3 系短了 220mm，后悬架和内饰完全继承自上一代车型，配置也有所缩水，因此在售价上能与高尔夫持平，不过它的后轮驱动形式和 1.6L 发动机显然能提供远超高尔夫的驾驶乐趣。宝马相信，在与大众这种超大体量制造商的竞争中，紧凑型车将发挥不可替代的作用。然而，就在 316i Compact 正式发布前几个月，宝马董事会通过了收购罗孚集团的决议。在 316i Compact 的发布会上，宝马管理层承认，如果能提早掌握董事会的意向，他们可能就不会继续研发这款紧凑型车，因为它很可能与罗孚旗下的车型产生冲突，导致不必要的内耗。好在，316i Compact 不辱使命，在七年的生命周期中站稳了市场，而宝马也一直没有放弃对它的改进——日后的 323ti 搭载了采用 VANOS（宝马专利的可变凸轮轴正时控制系统）的六缸发动机，输出功率达到 127kW（170hp），确

搭载宝马 V12 发动机的迈凯伦超级跑车 F1 在 1995 年勒芒 24 小时耐力赛上所向披靡（上图）。需要注意的是，F1 的 V12 发动机与 750i 所搭载的 V12 发动机（下图）在技术上并无任何关联

实在一定程度上"复制"了 2002 tii 上那种令人难以忘怀的奇妙驾驶乐趣。

1992 年夏天发生的一切足以证明，冯·金海姆选择放弃投机、放缓扩大产能的决策是无比明智的：德国汽车行业的扩张泡沫彻底破灭，销量大幅下降，出口增长放缓，大多数汽车制造商都疲于削减过剩产能和解雇员工。将产量压低在需求量以下的策略，帮助宝马有惊无险地渡过了危机——尽管 1993 年的销量下降了 11%，但它仍然是当年唯一一家实现盈利的德国汽车制造商。

宝马是最早意识到传统燃油汽车及其生产活动会对环境和社会造成负面影响的企业之一，它在 20 世纪 80—90 年代所推动的工程技术和运营理念创新，深刻影响着整个汽车产

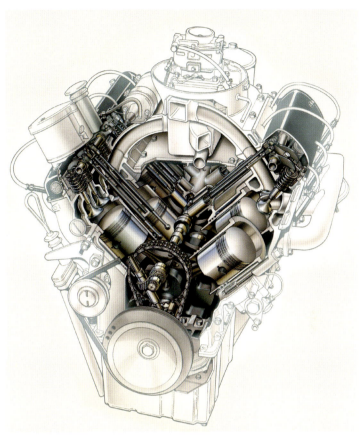

▲ 20世纪90年代,宝马为7系和5系研发了新一代V8发动机,其后期改进型采用了可变气门正时技术

业。1991年的法兰克福车展上,宝马推出了第一款纯电动概念车,并开始提倡采用可回收利用材料和节能生产方式。此时,外界所不了解的是,宝马内部正经历着一场将对公司发展轨迹和品牌形象产生决定性影响的人事变动:1992年10月,一位名不见经传的美国设计师离开菲亚特加盟宝马设计工作室,他设计的菲亚特Coupe曾引起一场小风波,他就是克里斯·班戈(Chris Bangle);另一位关键人物是年轻的毕睿德(德文Bernd Pischetsreider,伯纳德·皮舍茨里德),他于1991年以生产主管的身份加入宝马董事会,并被视为冯·金海姆的接班人。这两个殊途同归的人,将为蓝天白云标志注入前所未有的活力。

第12章 后水平对置时代

对宝马摩托车而言，20世纪70年代是充满危机与挑战的十年。此前，R90S、R100S和R100RT旅行车曾使宝马的摩托车业务迎来了短暂的复兴，但那一切稍纵即逝。日本制造商的强劲势头几乎辐射到每个级别的摩托车市场。此外，德国马克的汇率走势也使宝马在最大的出口市场——美国，面临着愈发被动的局面。总之，在大多数人眼中，宝马摩托车已经被贴上了落伍而昂贵的"标签"。

与此同时，宝马的摩托车产品规划师们正处于两难的境地：要么坚持使用水平对置双缸发动机——自20世纪20年代起，这型发动机经历了多次系统化升级，依旧焕发着活力，它无疑是宝马摩托车的品牌象征；要么与水平对置双缸发动机彻底道别，全力研发更强劲的新型多缸发动机，与日本制造商来一场"白刃战"。

最终，宝马选择了兼顾。经典的工程设计是有无穷"魔力"的——在宝马的精心改进与调校下，新一代水平对置双缸发动机已经今非昔比，它的输出功率达到了初代（1923款）的15倍，这使它足以自豪地与后辈们——新型单缸发动机、新型直列双缸发动机、新型V4发动机乃至K1600上的直列六缸发动机，一道阔步前行。

2015年，宝马的摩托车销量达到了史无前例的近13.7万辆。当然，一切欣喜与荣耀背后总有泪水和教训，对宝马的摩托车事业而言更是如此：带顶篷的C1踏板车设计超前，但投放市场后遭遇了滑铁卢，而且毫无翻身的机会；在美式巡航摩托车市场的尝试最终以遗憾收场；与越野摩托车品牌富世华（Husqvarna）的蜜月期只维持了短短六年。这些失败显然是成长中必然要经历的——宝马并没有因此而倒下，反而是一步步巩固了领先世界的豪华品牌地位。如今，从城市通勤车到越野车，从探险车到运动跑车和旅行车，乃至顶级豪华巡航车，宝马在每一个级别的摩托车市场都布局有出色的产品。

宝马K100/K75，1983年/1985年

20世纪70年代末，宝马启动了新一代摩托车的研发工作，它的使命是接替功勋卓著但已近垂暮的水平对置系列摩托车。最终诞生的K系列在机械层面上与传统产品大相径庭：它虽然保留了宝马标志性的轴传动形式，但搭载了类似汽车发动机的1L直列四缸水冷发动机（据称是受到标致的启发）——横卧在车架之间。这型发动机拥有极具辨识度的方形缸盖，K100因此被车迷们赋予"飞砖"（flying brick）的绰号。宝马对K系列摩托车进行了持续改进，1996年问世的K1200 RS，排量增至1.2L，输出功率达到97kW（130hp）——它是第一款超过德国保险公司设定的75kW（100hp）功率阈值的宝马摩托车。K100亮相两年后，搭载三缸发动机的K75如

约而至——它更轻巧、更易于操控,因此成为很多车迷的入门首选。K100在跨斗摩托车比赛中备受推崇,它的平顺性已经能与日本对手们一较高下,而加速表现和颜值又远在后者之上。

宝马K1,1988年

摩托车世界向来"保守",因此特立独行的K1引起了一片哗然,它不仅采用了靓丽的红黄交叠涂装,还拥有前卫的空气动力学造型——包括半封闭式前轮、一体式前整流罩、发动机下部整流罩,以及与车尾融为一体的后整流罩。即使以今天的视角来审视,K1仍然是与潮流格格不入的,它的许多创新性设计并没能得到推广。反而是在不易察觉的机械层面,K1对后世产生了更广泛的影响——它是世界上第一款配装机械式制动防抱死系统(ABS)和排气催化转化装置的摩托车。K1的另一项成就是搭载了16气门四缸燃油喷射发动机——这是宝马首型功率突破75kW(100hp)的摩托车发动机。此外,K1的Paralever单悬臂后悬架别出心裁地采用了与三辐合金轮毂相同的芥末色涂装。遗憾的是,对大众骑手而言,K1显得太过张扬了,尽管宝马后期亡羊补牢式地推出了较为保守的涂装方案,但仍然没能挽救这款"未来战车"——截至1993年停产时,K1的总产量只有7000辆。

宝马F系列,1993年

搭载水平对置发动机的R80 G/S和R80 GS都取得了巨大成功,这对宝马和其他摩托车制造商而言都是很好的启示——便宜、简单的全地形摩托车有着广阔的市场。宝马最初计划采用一个成熟的解决方案——1993年,与罗泰克斯(Rotax)签订了650cc单缸四气门发动机的采购协议,同时选定了意大利的阿普利亚(Aprilia)作为其他部件的供应商。F650应运而生,它是宝马首款采用链传动形式的摩托车,并逐渐衍生出一系列公路车和越野车,包括2000年推出的终极版——达喀尔版(Dakar version)。千禧年后,F系列的生产工作全部转移到宝马内部。2008年,宝马用800cc直列双缸水冷发动机取代了原有的罗泰克斯发动机——但令人稍感困惑的是,这型单缸发动机随后又出现在G650系列中。

宝马 R1100 RS/RT，1992 年

1992 年，宝马发布了一型全新发动机，以纪念"拳击手"发动机诞生七十周年。新型发动机在保留"拳击手"经典结构的同时，引入了单顶置链驱动凸轮轴、四气门缸盖和双油泵等新时代技术元素。考虑到缸盖边缘可能面临过热问题，宝马为它增加了一套油冷系统。这型输出功率 67kW（90hp）的发动机是世界上第一型可选装闭环控制排气催化转化装置，并充当车架受力元件的发动机。R1100 RS（运动旅行款）和 R1100 RT（旅行款）均采用了创新性的 Telelever 前悬架和 Paralever 单摆臂后悬架，制动前倾得以大幅缓解。R1100 RS 面世一年后，宝马推出了搭载新发动机的 R1100 GS（越野款），随后在 1999 年对全系进行了一次动力升级。再一次的动力升级要等到 2013 年——全系发动机换装了水冷系统。R1200C 是整个车系中生产周期相对短暂的成员，它实际上是一款"哈雷风格"（Harley-style）的巡航车，拥有典型的强劲发动机、大量镀铬饰件、可调节靠背以及马鞍包。

宝马 R1150 GS Adventure，2002 年

GS Adventure 家族被一些人誉为摩托车界的"路虎"（Land Rover）——当然，就定位而言，它肯定是"揽胜"（Range Rover）。的确，GS Adventure 家族的所有成员都具有无可挑剔的品质和出色的性能表现，它们既能在野地里穿梭，也能在公路上畅巡。2002 年问世的 R1150 GS Adventure 是家族的元老，它搭载了经过改进和调校的四气门发动机，动力输出强劲而稳定。在 2004 年上映的纪录片《漫漫长路》（Long Way Round）中，身为狂热"摩友"的英国演员尤安·麦格雷戈（Ewan McGregor）与好友查利·布尔曼（Charley Boorman）搭档，驾驶着 R1150 GS Adventure 进行了一场史诗级的环球旅行——影片的热映对 R1150 GS Ad-

venture 而言无疑是绝佳的宣传，它自此一直保持着"宝马最畅销摩托车"的头衔。2013 年，宝马推出了 R1200 GS Adventure，它搭载了六档变速器和升级版 1170mL 排量 93kW（125hp）水冷发动机，并配装了各类先进电子辅助系统，是野外长途探险的不二之选。

宝马 K1200/ K1300，2004 年 /2009 年

宝马在摩托车市场中总能出奇制胜，2004 年发布的 K1200 就是典型代表。在对高功率运动摩托车的配置需求进行充分调研后，宝马出人意料地为 K1200 配装了一台直列四缸发动机——自 20 世纪 70 年代的本田 CB750 起，几乎所有日本高性能摩托车都采用了这种发动机，但对欧洲制造商而言这还是头一遭。令人欣慰的是，K1200 至少没有丢掉宝马的另一项传统——轴传动形式。就技术层面而言，宝马的 1L 四缸发动机也是可圈可点的：整体结构紧凑，采用干式油底壳，重心低且前倾，在宝马 F1 车队工程师的调校下输出功率达到惊人的 125kW（167hp）。遗憾的是，复杂的电子系统犹如一把双刃剑，早期的 K1200 饱受可靠性问题困扰，量产时间一拖再拖。2009 年，在里卡多摩托车公司（Ricardo Motorcycle）的协助下，宝马推出了 K1300，它的发动机功率更高，电子系统也更复杂。时至今日，采用四缸发动机的 K 系列已经成为车迷们心中的理想运动摩托车。

宝马 HP2，2005 年

HP2 在宝马摩托车家族中独树一帜，它源自经典的水平对置产品线，却没有因循传统。最初的 HP2 只是一款平淡无奇的越野摩托车，搭载输出功率 78kW（105hp）的 1170cc 风冷发动机，采用长行程气压减振器和二合一排气管——这是它为数不多的亮点之一，而较高的售价令它始终难成大器。2007 年，HP2 Sport 的问世彻底扭转了形势：它换装了输出功率 95kW（128hp）的四气门双顶置凸轮轴"拳击手"发动机，采用了更先进的车架，以及赛道规格的制动器和悬

架。即使以日本高性能摩托车的标准来衡量，HP2 Sport 也称得上是一款出色的性能机器。尽管市场定位稍显尴尬，但 HP2 Sport 确实赢得了一大批簇拥者。

宝马 S1000 RR/HP4，2010 年 /2012 年

2008 年春，宝马宣布将在来年参加世界超级摩托车锦标赛（World Superbike Championship，SBK）——这似乎是不可能实现的目标——根据赛制要求，参赛摩托车必须是公开发售的量产车，而且产量不低于 1000 辆，这意味着宝马要在 2009 年年底前生产至少 1000 辆满足大赛要求的公路摩托车。倔强的宝马决定以一款将于 2010 年量产的原型车为基础来研发 SBK 赛车。同时，工程师们为研发工作定下了一个艰巨的目标：发动机输出功率达到 142kW（190hp），整备质量不超过 190kg。几个月后，宝马交出了一份轰动业界的答卷——S1000 RR，它搭载性能出色的 999mL 排量 16 气门发动机，配装了制动防抱死系统（ABS）、防翘头系统和驱动力控制系统等众多先进电子系统，并且具有独特的雨天行驶模式（将发动机输出功率控制在 119kW 以下）。在很多方面，S1000 RR 都打破了宝马的传统，最典型是采用了链传动形式，而非轴传动形式。很快，S1000 RR 就成长为高性能公路摩托车中的佼佼者。宝马随后又推出了 S1000 RR 的高性能

版 HP4，它采用与 HP2 相似的造型风格，同时成为世界上第一款配装自适应悬架（Dynamic Damping Control，DDC）的摩托车。2013 年，性能更加"温和"的 S1000 RR 低配版——S1000 R 问世。历经三次升级后，S1000 RR 的发动机功率达到 149kW（200hp），并拥有五种驾驶模式（发动机动力和悬架阻尼可调）。许多基于赛车打造的摩托车并不适合日常公路驾驶，而 S1000 RR 达成了难能可贵的平衡。

宝马 K1600，2011 年

面向大型运动旅行摩托车市场的 K1600 证明了宝马是世界上最好的摩托车制造商之一。为确保运行品质足够平顺、精致，宝马为这款车选用了 1.6L 直列六缸发动机，并将其固定在车架上。由于直列六缸发动机的机体较宽，为使车身转弯时拥有足够大的倾斜冗余，发动机附件只能安置在曲轴后部。这型发动机的输出功率可达 119kW（160hp），最大转矩达到 175N·m，宝马在对它的调校过程中更侧重平顺性，而非动力性，这使驾控过程更轻松。毫无疑问，K1600 身上的每一个零部件都是按行业最高标准设计的，它优异的操控性

款车也面临着一个尴尬的问题——售价过高。2014 年，宝马推出了 C-Evolution，它是世界上第一款由主流制造商生产的大型电动踏板摩托车。2016 年，在经历了一次中期改款后，C600 Sport 与 C650 GT 之间变得更加泾渭分明。

宝马 R1200 GS/RT，2013 年

自 2012 年开始，宝马的水平对置产品线经历了一场重大革新——放弃风冷形式，转而拥抱主流的水冷形式——改变了因循近九十年的传统。尽管如此，宝马工程师们还是象征性地保留了一些风冷形式所独有的设计元素。R1200 GS 的四气门双顶置凸轮轴发动机输出功率提高到 93kW（125hp），变速器也得到升级，传动轴由置于发动机右侧改为置于左侧。耐用性更强的 R1200 GS Adventure 和 R1200 RT 均于 2014 年问世。新款 R1200 RT 采用了升级版传动机构和悬架，标配了雨天和公路骑行模式，选装配置则包括动态响应性更高的 Pro 模式、坡道起步控制系统，以及能应对多种路况和骑行风格的自适应悬架。

和舒适性广受好评。一位知名记者曾对 K1600 的发动机作出这样的评价："零振动，强大的转矩输出，与其他摩托车完全不同的诱人声浪，在任何档位、任何转速下都拥有充沛的动力。总之，它是摩托车史上最令人赞叹的发动机。"

宝马 R nineT，2013 年

为庆祝投身摩托车市场九十周年，宝马于 2013 年推出了 R nineT——它原本只是一款概念产品，但抓住了时代精髓

宝马 C600 Sport/C650 GT，2012 年

C1 踏板摩托车的失败是刻骨铭心的，因此宝马在重新进入所谓城市出行市场前，经历了漫长而艰难的抉择。最终，宝马准备以一系列大型豪华踏板车为基础，凭借品牌优势进军高端市场。在宝马的摩托车产品规划师看来，踏板摩托车理应具有与普通两轮摩托车不相上下的操控性和动力性，而不应成为"廉价"的代名词——这显然赢得了市场的认同。2012 年面世的 C600 Sport 和 C650 GT 与 C1 一样激进：两款车都搭载了 650cc 双缸发动机和无级变速器（CVT），它们在拥有轻松驾乘体验感的同时，也拥有宝马所承诺的充沛动力和优异操控性，因此得到了舆论的一致赞誉。然而，这两

的完美设计使宝马最终决心将它量产。设计师和工程师力图以最简单的形式表现 R nineT 的力量感,确保车主能最大程度地进行个性化定制:电子系统经过专门设计,可以自由增减配置;车身极尽精简,只有铝质油箱和短坐垫,可以换装长坐垫;前照灯采用经典的圆形灯罩;Telelever 前悬架尽可能与传统样式保持一致;风冷"拳击手"发动机输出功率达 82kW(110hp);排气管"优雅"地沿车身弯折,在后轮左侧以"双出"形式收尾。R nineT 的驾乘体验感与设计一样出色,因此每位骑手都会对它不吝溢美之词。2015 年末,宝马又推出 Scrambler 版 R nineT(即复古越野版,译者注),它拥有高车把和油底壳护板。2016 年亮相的 R nineT Sport 更令人兴奋:它拥有抛光水箱、辐条式车轮和赛车风格坐垫,让人不禁联想起 20 世纪 60 年代的咖啡骑士(café racer)。

宝马 G310 R,2015 年

继 1960 年问世的排量 250mL 的 R27 后,宝马近五十年没有推出排量低于 500mL 的摩托车。高昂的生产成本和日本竞争对手的低价策略迫使宝马暂时退出了小排量市场。2016 年底,事情发生了转折——宝马决定以一款全新的单缸摩托车重返小排量市场。这款车由宝马德国总部设计、印度 TVS 摩托车公司代工,因此售价极具竞争力。不同寻常的是,G310 的 25kW(34hp)单缸发动机在车架中向后倾斜,进气系统置于发动机前部。与其他宝马摩托车一样,G310 标配了制动防抱死系统(ABS),而它 785mm 的座垫高度和 158kg 的整备质量对于小个子车手颇具吸引力。最初的 G310 R 采用蓝白相间的车身涂装——致敬了实力强劲的 S1000 R 运动摩托车。

第13章 以M之名

1972年发生了两件影响宝马数十年的事。第一件事,也是众所周知的一件——宝马发布了由保罗·布拉克(Paul Bracq)设计的2002 Turbo,源自2002的2.0L发动机在它身上被压榨出200hp(149kW)的功率,甚至还有更大潜能;第二件事——宝马组建了汽车运动股份有限公司(BMW Motorsport GmbH,以下称宝马汽车运动公司),意欲拓展赛车和高性能车业务。

全新的子公司不负众望,很快于1972年5月推出了赛车产品——3.0 CSL,专为欧洲房车锦标赛(European Touring Car Championship, ETCC)打造的特别认证版车型(homologation,根据赛制规定,参赛制造商必须生产一定数量的、衍生自参赛车的公路车,这些公路车就是特别认证版车型,译者注)。为参加3L以上组别(over-3-liter class)竞赛,它所搭载的源自3.0 CS的发动机,排量由2.9L(2985cc)提高至3.0L(3003cc)。1973年,通过增大活塞行程,其排量又进一步提升至3.2L(3153cc)。

最终版3.0 CSL配装了前扰流板、车顶扰流板和一个巨大的尾翼,更为标新立异的是,其两侧前翼子板上还分别装有一个类似鱼鳍的纵置扰流板。1973年7月,3.0 CSL获准参赛,夸张的空气动力学套件为它赢得了"蝙蝠车"(Batmobile)的绰号。3.0 CSL在赛场上所向披靡,继在1973赛季欧洲房车锦标赛上首次夺冠后,又在1975—1979赛季连续五年蝉联这项赛事的冠军。

专为Group 4组别打造的M1,是宝马汽车运动公司孕育的又一款特别认证版车型,但它遗憾地因项目周期问题而无缘赛场。为不负这位"运动悍将"的芳华,宝马汽车运动公司首任经理约亨·尼尔帕什(Jochen Neerpasch)特意为M1组织了一项全新的系列赛。

1983年,凭借车手尼尔森·皮奎特(Nelson Piquet)的出色发挥,布拉汉姆车队(Brabham)赢得了当年的世界一级方程式锦标赛(F1)冠军。这期间,作为布拉汉姆车队发动机供应商的宝马汽车运动公司功不可没,在工程师保罗·罗舍(Paul Rosche)的精心调校下,源自民用车的布拉汉姆赛车发动机最大输出功率超过589kW(790hp)。20世纪80年代,宝马市场部巧妙地将汽车运动公司转化为蓝天白云标志下的子品牌——M系列车型应运而生——只有性能出类拔萃的量产车型才会被赋予M之名。1984年推出的M635 CSi引起了业界轰动,它搭载一台源自赛车的24气门3.5L直列六缸发动机。随后,一件件被注入运动之魂的机械杰作泉涌而出。直到今天,宝马M系列仍旧展现着令人心驰神往的勃勃生机,它所囊括的车型也由轿车、跑车进一步拓展到SUV领域。

M1,1978年

身为M家族的开山鼻祖,发动机中置的M1并非为公路而生,它实际上是专为世界跑车锦标赛(World Sportscar Championship, WSC)Group 5组别打造的赛车。然而,赛事规则要求在参加Group 5组别比赛前必须取得Group 4组别的认证,这意味着宝马需要先生产并售出400辆公路版

M1——这对参赛经验不足的宝马而言是不可能完成的任务。因此,为了让 M1 尽早在赛道上证明自己的价值,时任汽车运动公司经理约亨·尼尔帕什提出了组织单一车型系列赛的设想。1979 年,Procar 锦标赛(Procar Championship)正式拉开帷幕——M1 是唯一的参赛车型。

出自乔治·乔治亚罗(Giorgio Giugiaro)意大利设计工作室(Italdesign,IDG)的 M1,显然受到了 1972 款宝马 2002 Turbo 的启发,它看起来与后者异曲同工——尤其是前脸方向,包括宝马标志性的双肾形进气格栅。起初,宝马将 M1 的生产工作委托给兰博基尼(Lamborghini),但不凑巧的是这家超级跑车公司在 1978 年春季陷入财务危机,于是宝马不得不全面接管了生产工作,但整个项目已经大为延迟。当年晚些时候,宝马将 M1 的总装线转移到一家名为鲍尔(Baur)的德国本土车身制造厂。

M1 的发动机型号为 M88/1,它基于既有的直列六缸发动机,排量为 3.5L(3453cc),换装了双凸轮轴、24 气门和干式油底壳,再配上由库格尔菲舍(Kugelfischer)打造的机械喷油系统和定制节气门,标准版的输出功率已经达到 288hp(209kW),Procar 锦标赛版则提升到 470hp(350kW),而为 Group 5 组别打造的小排量(3.2L)涡轮增压版,更是达到了惊人的 800hp(597kW)。此外,M1 的五档手动变速器来自采埃孚(ZF),悬架采用了双叉臂结构。

作为世界一级方程式锦标赛的附属赛,Procar 锦标赛吸引了一众赛场明星参赛,包括尼尔森·皮奎特、尼基·劳达(Niki Lauda)和阿兰·普罗斯特(Alain Prost)。在 1979 年和 1980 年连续举办两个赛季后,Procar 锦标赛画上了句号——宝马宣布将在 1982 年为布拉汉姆车队提供发动机,从而正式进军世界一级方程式锦标赛。项目终结时,宝马一共只生产了 457 辆 M1,因此这款传奇赛车很快就成为拍卖场上的抢手货。

M635 CSi,1984 年

1983 年,M635 CSi(美国市场称 M6)在法兰克福车展上首次亮相。它的发动机型号为 M88/3,是 M1 所搭载的 M88/1 的改进型,其主要变化是将比赛用干式油底壳更换为湿式油底壳,最大输出功率提升至 286hp(213kW,6500r/min),最大转矩为 329N·m(4500r/min)。这型 3.5L(3453cc)发动机拥有迷人的声浪,仿佛能释放出无穷的动力。

标准版 635 CSi 搭载的本就是 3.5L 直列六缸发动机，因此 M635 CSi 的发动机舱并没有进行大幅调整，此外，其前麦弗逊、后多连杆的悬架形式也与 635 CSi 一脉相承。相对 635 CSi，M635 CSi 的改进主要包括：螺旋弹簧刚度提高了 15%；倍适登（Bilstein）对减振器进行了适当调整；前防倾杆直径由 19mm 增大至 25mm；车身高度降低了 10mm；循环球式转向机构的转向比可随发动机转速调节，后期款进一步升级为随车速调节；前制动盘改为直径 300mm 的通风盘，采用四活塞制动卡钳。

M635 CSi 在丁戈尔芬工厂投产，尽管其造型和内饰布局与标准版相差不大，但仪表板暗藏玄机——速度表的表底提高至 280km/h，转速表则镶嵌有图腾般的"M"徽标。即使以今天的标准衡量，M635 CSi 的 0-100km/h 加速成绩——6.4 秒，仍然值得称道，更何况它的极速能达到 255km/h。

M535i（E28），1985 年

1984 年，宝马的主要竞争对手——梅赛德斯 - 奔驰，发布了 190E 2.3-16 "Cosworth"，藉此改变了长久以来的保守形象。仅仅一年后，宝马做出了掷地有声的回应——推出了 M535i，它所搭载的 3.4L（3430cc）排量 M30 发动机此前只为 6 系所专享。

由于性能超群的 M635 CSi 刚在一年前发布，M535i 的到来并没能掀起太大波澜。1985 年 10 月的巴黎车展上，搭载了 M-Technic 悬架和全新车身套件的 M535i 正式亮相，但方方正正的车身造型导致它的空气动力学特性并不理想。尽管发动机功率比奔驰 190E 2.3-16 高出 33hp（25kW），转矩也更强一些，但整备质量上多出的 168kg，使 M535i 很难在实际比拼中占据上风。

正如两家公司在宣传册上所写的那样，即使"天生"就被人们认定为一对"冤家"，但 M535i 和 190E 2.3-16 实际

上是两款性情相左的车。M535i在车内空间和舒适性上都要略胜190E 2.3-16一筹，因此它更像一款"高速巡航器"。M-Technic悬架降低了M535i的车身高度，使它看起来更低矮、更具攻击性，而气压减振器并没有影响它的驾乘舒适性。M535i同样在丁戈尔芬工厂生产，它是一款性情温和的"M"，与几个月后问世的M5截然不同。

M5（E28），1985年

相较车身线条凌厉的M635 CSi，第一款搭载M88/3发动机的5系高性能车——1985款M5，造型就要平庸得多。然而你丝毫不能轻视它，作为一款"终极性能"版5系，它舍弃了M535i身上复杂的车身套件，变得愈发灵动而轻快。宝马推出M5最初只是为满足部分客户的个性化定制需求，因此在1985年2月阿姆斯特丹国际车展的首秀前，实际上已经有25辆M5交付客户。

宝马汽车运动公司原计划每年生产250辆M5，但正式发售后他们惊讶地发现，仅仅德国本土的订单就要排上12个月。M5诞生于汽车运动公司位于普鲁士街的工作室，而生产工作在位于加兴（Garching，巴伐利亚州城市）的新工厂完成，它将高性能与实用性完美结合，拥有足以匹敌保时捷944 Turbo的动力性能，同时能为四名成年人提供舒适的乘坐体验感。M5的极速可达245km/h，0-100km/h加速时间6.3秒，不可谓不快。相对标准版车型，M5的弹簧刚度更高，减振器更灵敏，车身姿态更易控制，在限滑差速器的辅助下，它的操控性完全能将"暴躁"的动力性"驯服"。此外，M5还采用了当时最先进的四轮盘式制动器和制动防抱死系统（ABS）。

M5与M635 CSi联手造就了"高性能四门轿车"这一新兴车种，在它们之前，采用顶尖技术的高性能发动机一般只出现在双座超级跑车上——就像M88发动机最初只是为M1打造的那样。出色的操控性和动力性，在与舒适性的碰撞中

产生了悦人的火花,当然还有轻松的驾驶体验感和直列六缸发动机所带来的顺滑感,这正是以 M5 和 M635 CSi 为代表的高性能四门轿车所具有的独特魅力。当你踩下加速踏板,试图释放出 M88 的全部能量时,它会展现出与日常状态截然相反的一面,伴随着雄厚的轰鸣声,强烈的推背感会使你在一瞬间热血沸腾。对 M5 而言,也许唯一的遗憾就是相对保守的造型——在那个流线形风格方兴未艾的年代,它方正的造型不免有些落俗。

M3(E30),1986 年

与为公路而生的 M635 CSi 和 M5 不同,M3 生来就是要在赛场上逐风竞技的。初代 M3 是一款特别认证版车型——满足 Group A 组别要求,左舵公路版的产销量达到 5000 辆。受车身尺寸限制,初代 M3 是在米贝茨霍芬工厂,而不是加兴工厂生产的。作为一款纯血赛车,初代 M3 取得了辉煌的成就,它两次斩获欧洲房车锦标赛和德国房车锦标赛冠军,足迹遍及欧洲大陆上的各类房车赛事。在很多人眼中,初代 M3 至今仍是宝马最出色的房车赛赛车。

初代 M3 发布于 1986 年,它搭载了 2.3L(2302cc)S14 四缸发动机——这型发动机以 M10 发动机为基础,但采用了 16 气门结构,以及典型的赛车式设计——缸径大于活塞行程,其最大输出功率为 200hp(149kW,6750r/min),经过赛事化调校后可进一步增至 300hp(224kW)。

底盘方面,初代 M3 相对标准版的变化包括:主销内倾角增大了三倍;防倾杆重新装定;螺旋弹簧刚度提高;转向系统进行相应升级;采用了格特拉克(Getrag)的"狗腿"式五档手动变速器。

为满足产量要求,宝马随后还生产了三款 Evolution 车型:1987 年的 Evolution Ⅰ 生产了 505 辆;1988 年的 Evolution Ⅱ 生产了 500 辆,其发动机最大输出功率提升至 220hp(164kW),最大转矩为 245N·m,换装了更大的前扰流器和尾翼,车身上增开了用于冷却制动器的通风口。

第三款 Evolution 车型,即 Sport Evolution,于 1989 年面世,它较前两款车型更为"疯狂":发动机排量经扩缸提升至 2.5L(2467cc),气门和凸轮设计更为激进,最大输出功率提高到 238hp(177kW,7000r/min);外观方面,配装了宽体套件和更大的前后扰流板,车身高度比标准版 M3 降低了 10mm,涂装只有红黑两色。此外,初代 M3 的特别版还包括 1988 年问世的 Europameister 版(欧洲冠军版)、1989 年问世的搭载 215hp(160kW)发动机的 Cecotto 版,以及最稀有的 Roberto Ravaglia 版——仅生产 25 辆。

M5(E34),1989 年

接近超级跑车的性能表现、发动机成本几乎相当于一辆宝马 316——1989 年发布的第二代 M5 无疑是令人垂涎欲滴的梦想座驾。

每一辆第二代 M5 都是在宝马汽车运动公司的加兴工厂,由两位专业技师手工装配的。得益于排气量由 3453mL 增至 3535mL,第二代 M5 所搭载的 M88 发动机更加强大,最大输出功率可达 235kW(315hp,6900r/min),最大转矩为

369N·m（4750r/min）。此外，宝马为这型发动机引入了可变进气歧管，这既能优化其低转速区间的转矩表现，又能保证高转速区间的进气量。第二代M5的最高车速为250km/h（电子限速），尽管车重达到1533kg，但它依然能以6.3秒完成0-100km/h加速。

这是一款令人过目不忘的"M"——它冷峻潇洒，先进的工程和电子技术赋予它近乎完美的动态表现。与标准版535i相比，M5的改进主要包括：车身高度降低了20mm；前防倾杆直径增大了2mm，后防倾杆直径增大了3mm；运用弹性力学原理设计了后悬架几何，保证有轻微转向不足，提高了行驶稳定性；后轴自动平衡系统确保车身在任何载荷条件下都能保持平稳。

较小的转向比使第二代M5的转向反馈非常灵敏，而与双管式气压减振器搭配的是刚度更高的螺旋弹簧。宝马为M5选择了一套炫目的8×17-in铝合金轮毂——它的外形经过特殊设计，导流量超过普通轮毂25%，能保证制动盘得到充分冷却。第二代M5的车身套件相对简洁，只有前后扰流板和低调的黑色侧裙。

第二代M5是M车系的一个分水岭，它变得更复杂、更精致，拥有真正令人陶醉的驾驶体验感，堪称宝马的第一款"终极驾驶机器"。1991年，欧洲版M5换装了一型性能更强的发动机——3.8L（3795cc）排量的S38 B38，其最大输出功率达259kW（347hp，6900r/min）。

M3（E36），1992年

1992年9月，搭载了车迷们翘首企盼的六缸发动机的第二代M3（左舵版），在巴黎车展上正式发布，它将于来年3月登陆英国市场，而美国市场则要等到1994年。与初代M3不同，第二代M3并非为赛道而生，它自始就是一款面向公路驾驶需求的GT车型。宝马相继推出了双门轿跑版、四门轿车版和敞篷版，其中绝大部分车型都在雷根斯堡工厂（Regensburg）生产，只有一小批以散件形式在南非组装，供应当地市场。

与M车系的前辈们一样，第二代M3相较标准版3系的变化集中在发动机和底盘上。宝马为第二代M3选用了S50 B30型发动机，它基于24气门M50直列六缸发动机升级而来，保留了M50的铸铁缸体，缸径和活塞行程分别增至86mm和85.8mm，排气量则由2.5L（2494cc）提高到3.0L（2990cc）。S50 B30的气缸盖经过重新设计，配有特制气门，压缩比提高至 10.8：1。此外，宝马为这型发动机配装了 VANOS（可变凸轮轴正时控制系统），并换用了直通排气系统。S50 B30 的最大输出功率为 213kW（286hp，7000r/min），最大转矩为 320N·m（3600r/min），确保第二代 M3 能在 6 秒内完成 0-100km/h 加速，且极速可达 250km/h（电子限速）。

E36 是 3 系发展历程中在整体设计上具有重要意义的一代，即使是搭载了六缸发动机的 M3，也拥有接近 50：50 的完美前后配重比，这赋予它傲人的平衡性和操控性。E36 是第一代配装 "Z-axle" 多连杆后悬架的 3 系——这套悬架最初只属于稀有的 Z1 敞篷跑车。相比标准版，第二代 M3 的车身高度降低了 31mm，轮距略有增大，采用了升级过的螺旋弹簧和减振器，配装了更粗的防倾杆和四轮通风制动盘。拥有出色赛道表现的第二代 M3，被誉为那个年代最激动人心的车型，也是当之无愧的宝马最佳操控车型。

1996 款欧洲版 M3 换装了 3.2L（3201cc）S50 B32 发动机和新型六档手动变速器，最大输出功率提升至 239kW（321hp，7400r/min），最大转矩为 350N·m（3250r/min）。销往全球各地的第二代 M3 在动力配置和参数上存在一定差异：南非版的发动机压缩比有所降低，最大输出功率为 231kW（310hp）；美国版和加拿大版搭载了 3.2L（3152cc）S52 发动机，最大输出功率为 181kW（243hp），最大转矩为 320N·m。

迈凯伦（McLaren）F1 发动机与勒芒（Le Mans），1995—1997 年

"世界最快量产车" 是一项独一无二的荣誉——在 20 世纪 90 年代，这项殊荣属于搭载宝马发动机的迈凯伦 F1 超级跑车，它所创造的官方认证最高车速纪录为 373km/h。

迈凯伦 F1 由戈登·默里（Gordon Murray）领导整体设计，彼得·史蒂文斯（Peter Stevens）负责造型设计，它是世界上第一款采用碳纤维单体壳结构的量产公路跑车，它的 "心脏" 由宝马汽车运动公司专门打造。

保罗·罗舍（Paul Rosche）是迈凯伦 F1 发动机项目的负责人，他在宝马从事了四十余年的发动机研发工作，被誉为 20 世纪 80 年代所向无敌的 F1 涡轮增压发动机之父。罗舍团队以伴随 3 系和 5 系取得辉煌成就的 M20 直列六缸发动机为基础，推出了划时代的 S70/2 型 V12 发动机——采用经典的 60° 气缸夹角，配装四顶置凸轮轴和可变气门正时系统。M20 采用了铝合金缸盖与铸铁缸体的组合，而 S70/2 升级为全铝合金组合——铝硅合金缸体大幅降低了整机重量。此外，它采用的干式油底壳润滑系统能有效避免过弯和制动时的机油翻涌问题。

为进一步减重，S70/2 的油底壳、凸轮支架、凸轮盖板和凸轮轴控制系统外壳等附件都采用了超轻的镁合金材质。出于追求高转速性能的目的，罗舍将 S70/2 的缸径和活塞行程分别设定为 86mm 和 87mm，同时采用了锻造活塞和特制的点火线圈。路试版 S70/2 的最大输出功率为 461kW（618hp，7400r/min），最大转矩为 650N·m（5600r/min），而定型版的最大输出功率提升了 14%，重量比原型机增加了 16kg——但 266kg 的总重仍然算得上轻巧——迈凯伦 F1 的全重也不过是 1138kg 而已。

尽管在默里的原计划中只是一款公路超跑，但生而不凡的迈凯伦 F1 注定要在赛场上绽放光彩——1995 年，迈凯伦 F1 GTR 勇夺勒芒 24 小时耐力赛冠军，当届比赛的第三名、第四名和第十三名也都被迈凯伦车队收入囊中。受赛制所

限，F1 GTR 的发动机进气系统加装了限流器，相较量产版，其最大输出功率降至 450kW（604hp），同时整车重量也降低了 126kg，在 1996 年的升级中则进一步减重 38kg。

M Roadster（E36/7），1996 年

进入 20 世纪 90 年代，M 车系日臻完善，所辖车型也逐渐壮大。1996 年春，敞篷爱好者们迎来了好消息——日内瓦车展上，基于 Z3 打造的 M Roadster 正式发布。Z3 在宝马位于美国南卡罗莱纳州（South Carolina）的斯帕坦堡工厂（Spartanburg）组装，而 M Roadster 的动力传动总成要单独在德国本土生产，随后运到斯帕坦堡总装。欧洲版 M Roadster 由 3.2L（3201cc）S50 B32 发动机驱动——它的进排气系统都配有 VANOS（可变凸轮轴正时控制系统），最大输出功率为 239kW（321hp，7400r/min）。美国版 M Roadster 搭载 3.2L（3152cc）S52 发动机，它的活塞行程比 S50 B32 短，最大输出功率为 179kW（240hp）。

M Roadster 的底盘结构与第二代 M3 大致相同，但车身高度更低、轮距更宽，螺旋弹簧刚度和减振器阻尼都有所提高，副车架和后悬架下摆臂也经过强化。自 1999 年开始，M Roadster 配装了带驱动力控制功能的自动稳定控制系统（Automatic Stability Control plus Traction，ASC+T）。2000 年，欧洲版 M Roadster 增配了动态稳定控制系统（Dynamic Stability Control，DSC），同时换装了最大输出功率为 242kW（325hp）的 S54 发动机，其 0-100km/h 加速时间为 5.3 秒，极速为 250km/h（电子限速）。

M Coupe（E36/8），1998 年

M Coupe 是一款拥有 3 系旅行版车尾的双座硬顶跑车——这种奇怪的设计组合更像是一厢情愿之举。负责整体设计的工程师布克哈德·格舍尔（Burkhard Göschel）相信，M Roadster 作为一款软顶敞篷跑车很难彰显 M 车系应有的实力，因此他说服董事会在 1998 年投产了 M Coupe。在车身刚性方面，M Coupe 达到了 M Roadster 的 2.6 倍。欧洲版 M Coupe 搭载 239kW（321hp）S50 发动机，北美版则搭载 191kW（243hp）S52 发动机，两者都在 2000 年停产。一年后，搭载 242kW（325hp）S54 发动机的 M Coupe 重返市场。

M Coupe 拥有与后期款 M Roadster 相当的动力性，操控性则进一步提升。当时，人们很难对 M Coupe 的造型设计做出恰当的评价——它到底是"特立独行的美"，还是"简单明了的丑"？至少对宝马市场部而言，M Coupe 的确是一个"烫手山芋"，截至 2002 年彻底停产，其全球销量只有 6291 辆。

M5（E39），1998 年

1998 年问世的第三代 M5 堪称 M 车系发展史上的"性能巅峰"，它搭载 4.9L（4941cc）S62 型 V8 发动机，最大输出功率达 294kW（394hp）——这使它成为德国工业史上第一款输出功率达到 400PS（德制马力）的房车。S62 是 540i 上那台 4.4L（4398cc）发动机的改进型。M5 完美融合了充沛动力与精致驾乘体验感，而锋芒毕露的四出排气管更使它有鹤立鸡群之势。

但过于暴躁的性情也使第三代 M5 极难被"驯服"——某位资深记者在它的全球发布会上评论道：（它）有可能引发严重（驾驶）事故。当然，这并不是在否定第三代 M5，它的底盘稳定性极高，悬架韧性十足，加速性能极强，在公路上飞驰有如闲庭信步，但它的精致感又足以掩盖加速带来的慌乱。与标准版 5 系（E39）一样，第三代 M5 也采用了前麦弗逊、后铝合金多连杆的悬架结构，但拥有更粗的防倾杆和升级版减振器，车身高度也降低了 23mm。

宝马为第三代 M5 匹配了来自采埃孚（ZF）的六档手动变速器，极大增强了驾驶者与车辆之间的沟通感。有些人认为宝马对 S62 发动机的调校有些保守，即使如此，第三代 M5 仍然能以 4.8 秒完成 0-100km/h 加速，极速达到 250km/h（电子限速）。更惊人的是，它的纽博格林圈速只有 8 分 20 秒——这对一款中型四门运动轿车而言简直是难以置信的。此外，第三代 M5 采用了直径 345mm 的前通风制动盘、直径 328mm 的后制动盘以及浮动式卡钳，制动性能和抗热衰减性能都出类拔萃。与上一代 M5 不同的是，第三代 M5 不再由

加兴的技师们手工装配,而是转到了丁戈尔芬工厂的主生产线上。

M3（E46），2000 年

千禧年上市的第三代 M3 受到了车迷们的热捧,强大的性能也足以使它名留车史。第三代 M3 搭载了经宝马汽车运动公司重新设计和调校的 3.2L（3246cc）S54 B32 发动机,它采用了基于湿式油底壳的双机油泵润滑系统,能将油底壳前部的机油输送至油底壳后部的独立主腔,保证高速过弯和紧急制动时的润滑效率。

重组后的宝马 F1 赛事部门参与设计了 S54 B32 的进气系统:抛弃传统的单体节气门设计,为六个气缸都配置了独立的电控节气门,但共用一个空气滤清器。近乎脱胎换骨的 S54 B32 拥有 256kW（343hp，7900r/min）的最大输出功率,最大转矩可达 365N·m（4900r/min）。

在底盘方面,第三代 M3 采用了与上代相同的设计,后桥加装了由吉凯恩公司（GKN）研发的 M 限滑差速器。第三代 M3 由雷根斯堡工厂生产,可选装六档手动变速器或 SMG 序列式变速器,能在 5.2 秒内完成 0-100km/h 加速,极速为 250km/h（电子限速）。

M3 CSL（E46），2003 年

2003 年发布的 M3 CSL（CSL 是 Coupe Sport Leichtbau 的缩写，Leichtbau 意为轻量化）可谓名副其实:通过换装碳纤维车顶减重 110kg（相对标准版 M3）,在提高车身刚性的同时降低了重心,采用专门设计的螺旋弹簧和减振器,转向比小于标准版 M3（E46）。

M3 CSL 配装了特制的车身套件,包括能提高 50% 下压力的碳纤维前扰流板,以及位于行李舱盖上的"小鸭尾"。其发动机也得到进一步升级,换装了更注重动力性的凸轮轴和排气管,进气歧管采用碳纤维材质,最大输出功率达到 265kW（355hp，7900r/min）,最大转矩为 370N·m（4900r/

min）。此外，M3 CSL 的动态稳定控制系统（DSC）增加了"M Track Mode"（赛道模式），大幅降低了干预程度。

M3 CSL 标配第二代 SMG 序列式变速器（不可选装普通手动变速器），高性能模式下换档仅需 80 毫秒，且具备刺激的弹射模式。M3 CSL 的驾驶感受是令人终生难忘的：座椅硬到毫无舒适性可言，所有动作都直接而利落，一旦全力踩下加速踏板，发动机的嘶吼就会令人血脉偾张。4.9 秒的 0-100km/h 直线加速成绩已经足够优异，但 M3 CSL 更引人入胜的特质显然是它为驾驶者带来的人车合一的陶醉感——这也是"M"之名的精髓所在。

M5（E60），2005 年

发展到第四代，M5 已经进化为一款终极性能机器，将纯粹的驾驶体验感与稳健的动态表现融于一身。它所搭载的 S85 B50 型 5.0L（4999cc）V10 发动机引入了 F1 技术，采用每缸四气门设计，配装 4 个机油泵，最大输出功率超过 373kW（500hp），最大转矩达到 521N·m。

与 V10 发动机匹配的是 7 档 SMG 序列式变速器，其换档时间仅为 65 毫秒。然而，挑剔的北美客户对这型变速器并不买账。在市场压力下，宝马最终向北美市场提供了一型六档手动变速器。第四代 M5 的旅行版代号 E61，它与轿车版一同在丁戈尔芬工厂生产。

宝马在设计 S85 B50 时仍然围绕着"高转速理念"（High-revving concept），因此这型发动机的最高转速能达到惊人的 8250r/min。某种意义上说，第四代 M5 杂糅了两种完全分裂的性格：一方面，它能如子弹般迅猛，0-100km/h 加速只需 4.2 秒；另一方面，它能载你在茫茫车海中忘情穿梭。划时代的发动机使第四代 M5 与众不同（硬顶版和敞篷版 M6 采用了相同的发动机），但时至今日，当节能减排成为主旋律，低转速和涡轮增压成为主流技术方案时，未来我们恐怕很难再次邂逅这类大排量、高转速发动机了。

Z4 M Roadster 和 Coupe（E85/86），2006 年

Z4 M Roadster 和 Coupe 都是 Z3 的传承者，它们都搭载了源自 M3（E46）的 3.2L（3246cc）S54 B32 发动机。相比 Z3，Z4 的造型发生了颠覆性变化——优雅平滑的曲线一去不返，取而代之的是棱角分明的雕塑式线条。2006 款 Z4 M Roadster 和 Coupe 的造型设计更进一步，采用了尺寸更大的黑色双肾形进气格栅、车尾扩散器、M 式双五辐合金轮毂及四出排气管。

S54 B32的最大输出功率达到256kW（343hp，7900r/min），最大转矩为365N·m（4900r/min）。Z4 M系列均配装了采埃孚（ZF）六档手动变速器和M限滑差速器。与标准版Z4相比，Z4 M系列以电控液压助力转向系统取代了电动助力转向系统。Z4 M系列能在5秒内完成0-100km/h加速，极速为250km/h（电子限速）。尽管放弃了Z3 M上夸张的轮拱，但Z4 M的造型依然存在争议。

M3（E90、E92和E93），2007年

2007年的日内瓦车展上，第四代M3以概念车形式亮相——这是第一代引入V8发动机的M3。此前上市的第四代3系推出了四门轿车版（E90）、双门轿跑版（E92）以及双门敞篷版（E93）。当年晚些时候，宝马正式发布了四门轿车版M3和双门轿跑版M3，而双门敞篷版M3要等到来年春天才会现身。

第四代M3车系搭载了S60 B40型全铝V8发动机，排量为4.0L（3999cc），最大输出功率达309kW（414hp，8300r/min），采用四顶置凸轮轴设计。不同寻常的是，S60 B40的进气凸轮轴为链驱动，而排气凸轮轴为齿轮驱动。最初，与S60 B40匹配的是六档手动变速器。2008年春，宝马又提供了全新的七档双离合变速器——M DCT，其换档时间为100毫秒。M DCT版M3的0-100km/h加速时间比手动变速器版M3快了0.3秒。与SMG序列式变速器一样，M DCT

也提供自动和手动两种换档模式。

宝马还推出了两款限量版第四代M3：2009款M3 GTS双门轿跑车，发动机最大输出功率为331kW（444hp），车重相比标准版M3双门轿跑车减轻136kg，0-100km/h加速仅需4.3秒；2011款M3 CRT四门轿车（CRT是Carbon Racing Technology的缩写，意为碳纤维竞赛技术），车重相比标准版M3四门轿车减轻45kg，同时装备了包括卫星导航系统和高端音响在内的众多舒适性配置。正是在它问世的这一年，第四代M3全面停产。

X5 M 和 X6 M（E70/E71 和 F85/F86），2009 年

2009年底，宝马发布了X系列SUV的M版，这令"原教旨"车迷们错愕不已，在他们看来，M徽标与SUV的组合有悖于宝马的传统。当然，M版SUV与标准版的差异绝不仅仅是一个徽标那么简单，它们拥有同级最强大的动力总成：X5 M和X6 M都搭载了S63 B44O0型4.4L（4395cc）全铝V8发动机。两款车的动力总成在德国本土制造，总装则在斯帕坦堡工厂完成。

S63 B44O0源于经典的N63，其活塞和气缸盖都经过改进，最大变化是引入了双涡管涡轮增压系统，拥有比单涡管涡轮增压系统更快的响应速度：每四个排气歧管连接一个涡管，废气通过两个涡管流入涡轮增压器。S63 B44O0还配备了高流量进气系统，其最大输出功率为414kW（555hp，6000r/min），相比N63提升116kW，最大转矩为678N·m（1500~5650r/min）。X5 M和X6 M均搭载了经过强化的采埃孚（ZF）6HP自动变速器，其升档速度比标准版更快，手动模式下有强制升档功能。此外，两款车的xDrive四驱系统也经过重新调校，后轴能承受更大转矩。

宝马为X5 M和X6 M配装了动态控制系统（Dynamic Performance Control，DPC），该系统能通过后差速器实现转矩矢量分配，为附着力大的一侧车轮提供更大转矩，以提高车辆的行驶稳定性和脱困能力。两款车的动态稳定控制系统

（DSC）具有"M Dynamic Mode"（M 动态模式），可为后轴分配更大转矩，特殊情况下能使车辆以过度转向姿态行驶。总之，尽管 X5 M 和 X6 M 并非很多人心中 M 车系应有的模样，但没人能否认它们在动力性和操控性方面的过人天赋。

2014 年，宝马推出了基于新款 X5（F15）和 X6（F86）的 M 版车型，两者搭载的双涡轮增压 4.4L 发动机最大输出功率和最大转矩分别为 423kW（567hp）和 750N·m，匹配采埃孚（ZF）的 Steptronic 八档自动变速器，拥有 4.2 秒内完成 0-100km/h 加速的实力。

1 系 M Coupe（E82），2010 年

1 系 M Coupe 也许不是最耀眼的"M"家族成员，却拥有最纯粹的"M"之魂。2010 年面世的 1 系 M Coupe 并没有采用常规的命名方式，它的车身尺寸接近初代 M3（E30），但两者的相似性也仅限于此——1 系 M Coupe 是首款搭载涡轮增压发动机的"M"家族成员，N54 型 3.0L（2979cc）双涡轮增压直列六缸发动机为它提供了源源不竭的动力。

N54 的最大输出功率为 250kW（335hp，5900r/min），最大转矩可达 450N·m（1500~4500r/min），在超增压模式下能短时爆发 503N·m 转矩。宝马只为 1 系 M Coupe 配装了一型六档手动变速器，不可选装自动变速器。4.8 秒的 0-100km/h 加速成绩使 1 系 M Coupe 鹤立鸡群，而 1495kg 的全重、50∶50 的前后配重比以及特制的限滑差速器，则进一步提升了它的动态性能。从造型上看，1 系 M Coupe 就像"M"家族中的"丑小鸭"，但紧凑的身形仍然为它赢得了众多公路车爱好者的芳心。

M5（F10），2012 年

2012 年，头顶"V10 发动机光环"的第四代 M5（E60）正式退出历史舞台，它的继任者——第五代 M5（F10），换

装了最大输出功率和最大转矩分别达到418kW（560hp）和680N·m的S63型4.4L（4395cc）V8发动机。尽管在动力参数上难分伯仲，但V8发动机的声浪很难媲美近乎完美的V10发动机——即使有音响系统提供的虚拟声浪支持。匹配七档双离合变速器的新一代M5比匹配SMG序列式变速器的老一代M5重了125kg。显然，在这一次迭代中，新来者并没能撼动离去者在车迷们心中的地位。

尽管如此，作为首代搭载涡轮增压发动机的M5，第五代M5仍然拥有4.2秒的0-100km/h加速成绩，以及250km/h（电子限速）的最高车速——如果不加限制的话，跑到300km/h也不成问题。2014年，宝马为第五代M5推出了竞技套件（competition package），发动机最大输出功率提升至429kW（575hp）。此外，还有一款限量300辆的三十周年纪念版M5，发动机最大输出功率进一步提升至447kW（600hp），最大转矩则提升至700N·m，0-100km/h加速时间破天荒地缩短到3.9秒。第五代M5的所有车型都与标准版5系一样在丁戈尔芬工厂生产。

同时期的硬顶版M6（F12）和敞篷版M6（F13）搭载了与第五代M5相同的动力总成，但由于采用了碳纤维车顶以及其他配置上的差异，硬顶版M6（F12）比第五代M5轻了140kg。

M135i（F20）和M235i（F22），2012年

"掀背钢炮"M135i于2012年日内瓦车展期间亮相，它搭载了N55型直列六缸发动机，最大输出功率为236kW（316hp，5800r/min）。M135i诞生自宝马的新部门——高性能汽车部（M Performance Automobiles），它开启了一个全新的性能车系——注重极端驾控表现与日常实用性的平衡，换言之就是"温柔版M"。因此，M135i和M235i并不是纯血的"M"家族成员，这也体现在N55发动机相对N54发动机的差异上：尽管两者排量相同，但前者采用了双涡管单涡轮增压器，而后者采用了更强大的双涡轮增压器。

2015年，M135i迎来了中期改款，发动机最大输出功

率提升了 4.5kW，与 2014 款 M235i 相同。两款车都可选配六档手动变速器或采埃孚（ZF）自动变速器。身为"温柔版 M"，M135i 和 M235i 的性能并不"孱弱"，手动版 M135i 能在 5.1 秒内完成 0-100km/h 加速，自动版更是只需 4.9 秒。尺寸紧凑的 M135i 全重 1425kg，比第五代 M3（F80）轻约 100kg。M135i 与标准版 1 系在莱比锡工厂共线生产，它无疑降低了车迷们畅享"M"之乐的门槛。

M3 和 M4（F80 和 F82），2014 年

进入 21 世纪的第二个十年，"M"家族的故事发展得似乎有些混乱。纯粹意义上的双门轿跑版 M3，随着 E90 世代 3 系的谢幕于 2013 年 7 月正式停产，它的所谓继任者——2014 款 M3（F80），只有四门轿车版。这源于宝马车型战略的调整：全新的 4 系取代了双门轿跑版 3 系，因此 M4 顺理成章地取代了双门轿跑版 M3。

新一代四门轿车版 M3（F80）重新搭载了缺位已久的直列六缸发动机——S55，它基于 3.0L（2979cc）N55 发动机改进而来，将双涡管单涡轮增压器升级为双涡轮增压器，最大输出功率达到 321kW（431hp，5500~7300r/min），最大转矩为 555N·m（1850~5500r/min）。此外，新一代四门轿车版 M3 配装了碳纤维车顶，六档手动版 0-100km/h 加速成绩

为 4.3 秒，七档双离合版则仅需 4.1 秒。

M4 在雷根斯堡工厂生产，它与 M3 在性能上大同小异，但车顶、传动轴、行李舱盖以及前部支撑结构中都大量采用了碳纤维材质。作为第一款配备电动助力转向系统的 M 车型，M4 还"离经叛道"地引入了 Active Sound 系统来模拟发动机声浪——在很多人眼中，它也许完全褪去了初代 M3 的痕迹，但至少在性能上，它仍然不负 M 徽标的荣耀。

▲ M2 于 2016 年初面世，有些车评人认为宝马在它身上找回了早期 M3 上纯粹的运动特质

第 14 章

冒险与不幸

20世纪80年代，全球商业环境对宝马而言可谓天时地利：宽松的金融市场推动着公司销售额增长了50%，品牌形象得到显著提升；每个人都知道宝马是怎样的品牌，也都认可蓝天白云标志的价值。20世纪90年代初的发展势头依旧强劲，宝马巧妙地渡过了1992—1993年的经济衰退——那些在两德统一后的短暂繁荣期里轻率扩张的德国公司则饱尝苦果。对目标客户而言，全新3系是当时最先进的中型轿车——每天都有1200辆从容地驶下流水线。除此之外，宝马所布局的其他领域也都有着乐观的前景：为罗尔斯-罗伊斯（Rolls-Royce）提供零部件，并与其合作研发航空发动机；帮助迈凯伦（McLaren）开发高性能发动机，为世界上最快的公路跑车提供动力。

在外界来看，一切都径情直遂。然而，素来居安思危的冯·金海姆和他年轻的副官沃尔夫冈·赖茨勒（Wolfgang Reitzle）并没有懈怠，他们时刻关注着可能削弱宝马市场地位的行业风向。这其中，尤为值得关注的是德国本土的汽车制造成本在不断攀升（幸运的是很快将因美国工厂的开工而缓解），而日本竞争对手也正以较低的售价和高效的车型开发流程进军高端车市场。对于刚刚在美国发布的售价4万美元的雷克萨斯（Lexus），赖茨勒在接受英国《金融时报》采访时抱怨道："这是一个很有竞争力的价格，日本人比欧洲的竞争对手更令我们头疼。"

除控制开发和生产成本外，宝马还面临着一个大问题：当下的三款主力车型已经站稳了市场，但这样的产品策略能否满足日益增长的市场需求，让宝马在新世纪保持增长势头呢？

在1987年的日本之旅中，赖茨勒曾建议冯·金海姆通过收购路虎（Land Rover）来打入方兴未艾的越野车市场。1993年，在接受《经理人杂志》（Manager Magazine）采访时，冯·金海姆解释了当时的情况："如果有必要，我们还会收购他们的小型车业务。我们想要越野车，但我们对罗孚（Rover）也很感兴趣，因为我们需要定位低于宝马品牌的产

▲ 1994年2月：宝马董事长毕睿德与罗孚集团首席执行官约翰·托尔斯（右）在签订收购协议后握手

◀ 《考文垂电讯晚报》（Coventry Evening Telegraph）1994年1月31日的头条新闻：宝马收购罗孚

在短暂的"联姻"期里,罗孚与宝马的产品线并没能实现技术和零部件共享

品来满足更广阔的市场。"

1992年6月,宝马宣布位于南卡罗莱纳州斯帕坦堡的工厂即将竣工,该厂计划投产入门级跑车,年产量可达7万辆,而生产成本相对德国本土将降低30%。正当冯·金海姆准备开始扩大产能时,德国汽车产业却发生了一系列可能使宝马万劫不复的震荡。

首先,1992年圣诞节前夕,高度依赖于美国市场和德国市场的保时捷,在这两个市场相继崩盘后遭受了灾难性损失。保时捷家族不得不适当放弃运营权,让公司以更加市场化的方式运作。

其次,新上任的梅赛德斯-奔驰首席执行官(CEO)赫尔穆特·维尔纳(Helmut Werner),宣称公司的主力产品都设计繁冗且售价过高,这无疑震惊了整个汽车产业。"我们需要的是跑车、轿跑车、小型车、小型厢式车和SUV。"他甚至建议梅赛德斯-奔驰与宝马在零部件方面开展技术合作。随后,梅赛德斯-奔驰宣布在乘用车领域遭受了巨额亏损——这颗德国工业王冠上的明珠第一次陷入了赤字危机。

最后,1993年3月中旬,执掌宝马帅印二十三年的冯·金海姆突然宣布自己即将卸任。几乎没有人料到冯·金海姆会在这时离去,但更没有人会料到当时还籍籍无名的毕睿德(Bernd Pischetsrieder)会成为继任者——在很多人看来,此前的二号人物赖茨勒将毫无悬念地接过帅印,即使他已经对保时捷抛来的橄榄枝表现出很大兴趣。

接二连三的"灾难性"事件,特别是赫尔穆特·维尔纳的语出惊人,使宝马董事会倍感压力,他们意识到必须立即采取行动——在资金已经就位的情况下,当务之急是确定收购目标和时间表。

罗孚的冒险：挑战未知

时年只有四十五岁的毕睿德，相较他秉节持重的前辈，有着完全不同的性情——他留着山羊胡，雪茄不离手，热爱经典车，醉心于逐风之乐。鲜明对比之下，一些媒体人情不自禁地给毕睿德贴上了"特立独行"和"黑马"这样的标签。当然，毕睿德肯定不是庸碌之辈——他在产品规划和质量控制方面建树颇丰，新近竣工的斯帕坦堡工厂更是拜他的积极运作所赐——没有人会质疑毕睿德的才干，更没有人会质疑他所做出的承诺。

1993年7月，宝马公布了上半年财报，尽管销售额下跌了9%，但毕睿德仍旧信心十足，因为多数竞争对手都在当年的经济衰退中遭受了沉重打击，他们为此要付出减产四分之一的代价，而宝马所要做的只是减产10%。展望未来，毕睿德期盼能通过提高单车利润，来使公司在年产量降低到50万辆的情况下依然保持盈利，他甚至表示宝马完全可以通过生产定位低于3系的紧凑型车来维持自己的市场地位。

与此同时，宝马正在与英国最大的军工企业——英国宇航公司（British Aerospace）进行秘密谈判。后者以低廉的价格从英国政府手中收购了罗孚集团，彼时正寻求新的买家。乐观的局面使宝马抱定了收购罗孚的决心，但这次震惊全球汽车产业的历史性事件，也给毕睿德的黯然离去埋下了伏笔。

在1994年1月31日的收购公告中，宝马表现出了显而易见的胜利感——在大众、梅赛德斯-奔驰等强劲对手一片惨淡的情况下，宝马仅仅用8亿英镑就将路虎、Mini、莱利（Riley）和凯旋（Triumph）这些历史悠久且极具价值的品牌尽皆收入囊中——每个人都认为这是一笔超值的收购，再加

宝马 第三代 7 系（E38），1994—2001 年

突破性的第二代 7 系（E32）为宝马吸引了众多新客户，身为继任者，1994 年问世的第三代 7 系更加庄重且协调，在造型方面秉承了宝马一贯的谨慎风格。更重要的是，第三代 7 系的销量超越了同期的梅赛德斯 - 奔驰 S 级（W140）。在机械结构方面，第三代 7 系采用了与 8 系双门轿跑车相同的多连杆式后悬架，它还是全球首款配装原厂卫星导航系统的量产车。第三代 7 系率先搭载了创新性的共轨直喷 V8 柴油发动机，它的平顺性不逊于同期的 V8 汽油发动机。

- **1994 年**：730i 和 740i 问世，两者分别搭载 218hp（163kW）和 286hp（213kW）V8 汽油发动机。搭载 5.4L 排量 326hp（243kW）V12 发动机的长轴距车型 750i 于下半年问世。
- **1995 年**：搭载 193hp（144kW）六缸发动机的 728i 和搭载 143hp（107kW）柴油发动机的 725tds 问世。
- **1996 年**：全系经过中期改款。735i 取代了 730i，其 V8 发动机排量增大，配装 VANOS（可变凸轮轴正时控制系统），输出功率提高至 235hp（175kW）。740i 配装 VANOS。
- **1998 年**：搭载 184hp（137kW）共轨直喷柴油发动机的 730d 问世。
- **1999 年**：740d 问世，它是世界上首款搭载 V8 柴油发动机的乘用车，输出功率为 245hp（183kW）。
- **2001 年**：车系停产，总产量为 32.7599 万辆。

上协议中包含的四座潜力无限的大型工厂，这将使宝马的产能成倍提高。然而，对未来的过高期许使人们忽视了英国汽车产业的衰败之象——在供应链和运营管理方面都存在着巨大隐患。此外，还有一个尴尬的事实，拥有罗孚 20% 股份的本田公司——在过去十年间一直为前者提供技术支持，使这家早已风光不再的企业得以残喘余生——始终在以可以理解的消极姿态回应宝马的收购请求。

宝马收购罗孚的行动无疑是一次成功的奇袭，而且为此付出的成本甚至还比不上开发一款新车型。在接受记者采访时，毕睿德滔滔不绝地阐述了 Mini 品牌的独立计划、凯旋品牌的潜力，以及在四个国家投产发动机的新战略。当然，这笔交易背后还有些值得玩味的历史溯源：毕睿德恰好是 "Mini 之父"——亚历克·伊西戈尼斯爵士（Sir Alec Issigonis）的侄子，后者亲手缔造了 Morris Minor 和具有划时代意义的初代 Mini；诞生于 1928 年的奥斯汀（Austin）也是这笔交易的"打包品牌"，而宝马初闯汽车产业时，获授权生产的第一款产品就是奥斯汀 7 型轿车。

毫无疑问，在当时的舆论看来，毕睿德是德国汽车界的英雄。1994 年日内瓦车展，站在劳斯莱斯 - 宾利展台上，洋洋洒洒地介绍着采用宝马技术的宾利 Java 敞篷概念车时，毕睿德头顶上的"光环"愈发闪耀。宝马一直关注着劳斯莱斯（Rolls-Royce，在汽车业中惯译作劳斯莱斯，而在航空业中惯译作罗尔斯 - 罗伊斯，译者注）——这个世界上最负盛名的汽车品牌所蕴藏的价值。通过与罗尔斯 - 罗伊斯公司（英国航空发动机制造商，劳斯莱斯品牌名称和商标的所有者，译者注）在航空发动机领域的合作，以及与维克斯集团（Vickers，英国防务企业，劳斯莱斯汽车公司的所有者，宾利此时是劳斯莱斯汽车公司旗下品牌，译者注）在汽车零部件领域的携手，宝马向同样觊觎劳斯莱斯品牌已久的老对手——梅赛德斯 - 奔驰发出了明确的"警告"。当年晚些时候，宝马宣布将为劳斯莱斯和宾利的下代车型提供发动机。然而，当维克斯集团最终于 1997 年正式出售这两个英国顶级汽车品牌时，事情的进展却远不如宝马预想的那般顺利。

公众的注意力显然大多集中在罗孚身上，特别是在宝马

宣布开始研发经典 Mini 的换代车型之后。1994 年夏天，宝马还面临着一些似曾相识的挑战：第三代 7 系的订单量超过了计划产量；德国马克的升值在让宝马对罗孚的投资变得更具价值的同时，也带来了一些麻烦。

按照最初的设想，宝马并不会干涉罗孚的日常运作，而是让英国本土的团队尽其所长。事实上，毕睿德对罗孚的态度相当"恭敬"。据报道，在一次与罗孚管理层的会谈中，毕睿德举起两瓶不同年份的葡萄酒，颇具深意地说道，将这两瓶酒混合在一起将产生难以料想的（美妙）结果。有趣的是，就在收购协议达成前，罗孚内部刚刚经历了一次大规模重组，而宝马正是他们设定的重组模板之一。基于本田技术打造的 600 系列轿车发布不过一年，罗孚执行董事约翰·托尔斯（John Towers）忘情地将它称为"我们的 4 系"（our 4-series）——在他看来，600 系列恰好能填补宝马 3 系与 5 系之间的市场空白。

然而，宝马很快就意识到，罗孚的情况要比预想的糟糕得多：前母公司英国宇航公司的长期投资不足，导致罗孚的平台和动力系统产品线异常混乱，与此同时，英德两国之间

> ▼ 由本田提供技术支持的 600 是罗孚为数不多的现代化车型之一，而罗孚与本田间的藕断丝连也给宝马带来了麻烦

▲ 当高层忙于收购罗孚时，宝马的工程师们继续推进着全新高性能车型的研发工作，无与伦比的 M Coupe 赢得了众多跑车爱好者的青睐

作为休闲 SUV，路虎神行者在商业上取得了成功，但它也在一定程度上延迟了新一代发现的研发计划 ▶

的职场文化隔阂也日益凸显。1996年9月，忍无可忍的毕睿德做出了人事调整，更具"侵略性"的赖茨勒接任罗孚董事长，而执行董事一职则交给了和蔼可亲的瓦尔特·哈塞尔库斯（Walter Hasselkus）。四年前的9月16日，"黑色星期三"（Black Wednesday），在英镑汇率经历了过山车式的暴跌后，英国政府宣布退出欧洲货币体系，这实际上已经使任何有关罗孚的商业运作都面临极大风险。

宝马高层坚称罗孚危机不会影响宝马自身——好在这并不是故作镇定：1994年问世的第三代7系内敛而优雅，与臃肿且浮夸的奔驰S级（W140）形成了鲜明对比，市场表现很快超越后者，在德国本土打了一场漂亮的翻身仗；斯帕坦堡工厂已经正式投产3系轿车，到1995年中旬又投产了全新Z3跑车；搭载宝马发动机的迈凯伦F1问鼎勒芒24小时耐力赛，成为勒芒赛史上第一款夺冠的公路超级跑车；第四代5系于1995年秋季上市，整个车系在经历了1987年的设计风格巨变后，焕发出前所未有的活力，在与奔驰的竞争中愈发从容；技术方面，通过率先推出V12发动机，宝马已经将奔驰抛在了身后。出色的柴油机也成为宝马的杀手锏，尤其是730d和530d搭载的3.0L直喷柴油机，其平顺性完全能与同期的顶级汽油机相媲美。1998年，宝马进一步推出了搭载V8柴油机的740d。第三代5系引领了全新的轻量化材料节能理念，其车架核心结构采用高强度钢制成，而车首、车尾和悬架构件则大量采用铝合金材料。

一反常态的是，宝马在1996年并没有推出重量级新车型，而是将重点放在了提高南非和斯帕坦堡工厂的产能上——前者主要生产新款3系，而后者主要生产Z3跑车，两者的目标产能要达到每年10万辆。尽管在一些媒体眼中，沿用上代3系后悬架的Z3了无新意，但消费者们仍然敞开了怀抱。不久后，随着六缸发动机的引入、动态表现的升级，以及强大的M版的到来，越来越多的运动跑车爱好者加入了Z3的阵营。

投身国际竞争

宝马高层发现，随着业务规模的扩张，公司已经不可避免地陷入国际政治的旋涡——为给在英国投建的大型发动机

 宝马　第四代5系（E39），1995—2004年

与一年前的第三代7系相似，第四代5系在造型设计方面的变化并不显著，但在精致度和舒适性方面进行了大幅优化。六缸/八缸发动机、铝质悬架组件以及巧妙的"Z-axle"后悬架，使第四代5系成为性能和操控方面的同级标杆，在与奔驰E级（W210）的较量中首占上风。搭载共轨柴油发动机的车型在平顺性和动力响应方面达到了前所未有的高度，使柴油发动机成功融入主流豪华轿车市场。搭载V8发动机的M5成为德国工业史上首款输出功率达到400PS（德制马力，294kW）的房车。

- **1995年**：搭载六缸发动机（配装VANOS）的520i（150hp/112kW）、523i（170hp/127kW）、528i（193hp/144kW）和530i（231hp/172kW）问世。搭载V8发动机的535i（235hp/175kW）和540i（286hp/213W）问世。搭载六缸柴油发动机的525tds（143hp/107kW）问世。
- **1997年**：推出旅行版，配有"双开"式行李舱盖，可选装滑动地板。
- **1998年**：搭载5L排量V8发动机的M5问世，标配四出排气管。搭载共轨柴油发动机的530d取代了525tds，输出功率为193hp（144kW）。汽油发动机车型均配装进排气双VANOS。
- **2000年**：搭载四缸柴油发动机的520d（136hp/101kW）和搭载六缸柴油发动机的525d（163hp/122kW）均换装共轨柴油喷射系统。
- **2001年**：经过中期改款，优化车首造型，引入别具一格的"天使眼"日间行车灯。
- **2003年**：轿车版停产。第五代5系（E60）问世。
- **2004年**：旅行版停产，车系总产量达到149万辆。

宝马　Z3（E36/7），1995—2002年

Z3是万众期待的宝马重返运动跑车市场的首款杰作，它基于3系的机械结构打造，传承了507的长车首设计。Z3全系车型均在美国斯帕坦堡工厂生产，它最初搭载的1.8L四缸发动机并不尽如人意，随后推出的六缸发动机才真正令运动跑车爱好者们欢欣鼓舞。性能强大但造型怪异的M Coupe也迎来了一大批拥簇者。

1995年：双座敞篷版问世，可选装1.8L（116hp/87kW）或1.9L（140hp/104kW）四缸发动机。
1996年：搭载192hp（143kW）六缸发动机的2.8i问世。3.0i于千禧年问世，配装双VANOS，输出功率为231hp（172kW）。
1997年：搭载宝马汽车运动公司研发的321hp（239kW）3.2L发动机的M Roadster问世，轮拱加宽，配装四出排气管。
1998年：Z3 Coupe问世，其掀背设计饱受争议，最初仅提供2.8i车型，自千禧年开始提供3.0i车型。M Coupe问世。
2002年：被Z4（E86）取代，车系停产。

工厂争取尽可能多的补贴，他们不得不周旋于奥地利政府与英国政府之间。10月的巴黎车展上，宝马高调宣布了新工厂将落户英国的决定，同时，公司将与克莱斯勒联合开发一型低成本四缸汽油机，作为将于千禧年降生的新一代Mini的"心脏"。位于米德兰兹（Midlands）的汉姆斯霍尔发动机工厂（Hams Hall），仅仅是宝马斥资30亿英镑的宏伟发展规划的一部分。按照哈塞尔库斯的设想，罗孚的产能将提高50%，并逐步实施新的产品开发战略——基于两个源自宝马的新平台（这意味着既有的5个平台都将被淘汰）生产"偏向休闲而非运动"的前驱车。相较经典Mini，新一代Mini的定位和售价都将大幅提高，这也是众望所归。但除Mini外，罗孚的新产品计划中最终只有75一款得以投产。

收购完成三十个月后，宝马与罗孚仍旧没能实现任何零部件的共享，更遑论动力总成和车型平台，于是双方都自然而然地表现出对这段"婚姻"的担忧。当年晚些时候，危机再次降临：英镑兑德国马克汇率开始持续攀升，这一方面加剧了罗孚持续亏损的影响，另一方面推高了宝马的再投资成本。

尽管罗孚当时的年亏损额已经超过6亿英镑，但宝马高层依旧认为情况正在改善——2000年扭亏为盈的目标似乎还大有希望。这样的背景下，被宝马寄予厚望的路虎品牌正在悄然崛起，推出基于轿车平台的神行者（Freelander）是一项明智的决定——即使这个项目消耗了大量原本计划用于新一代发现（Discovery）的研发资源。第二代路虎揽胜（Range Rover）开始搭载宝马的柴油机，这项协议早在收购前就已经达成。与此同时，宝马与路虎的联合团队正在着手研发第三代揽胜。当然，宝马并没有因此放弃自己的SUV项目——千禧年前夕，头顶蓝天白云标志的"运动型多功能车"——X5就将在斯帕坦堡工厂下线。后续的发展证明，同时推进路虎和宝马品牌SUV的"双保险"策略对宝马而言不亚于救命稻草，因为仅仅在X5面世后的一年内，罗孚和路虎品牌就相继易主——这意味着流淌着宝马血液的第三代揽胜一经问世

1997年9月亮相的全新Mini原型车广受好评,弗兰克·斯蒂芬森(左图)的出色造型设计功不可没

1995年面世的第四代5系在设计风格上相较前代车型变化不大,但它重量更轻,且全系搭载了六缸发动机。后期车型引入了当时最先进的柴油发动机,"天使眼"日间行车灯也成为标志性设计元素

就将成为 X5 的宿敌。

耐人寻味的是，揽胜研发项目是英德两国工程团队间罕有的和谐案例。当我们把视线转向其他项目时就会发现，双方有关优先开发中大型轿车的争论，以及针对经典 Mini 的两种换代方案和基于本田技术的 200、400 系列换代方案，最终收获的都是一地鸡毛。

1997 年法兰克福车展前夕的新闻发布会上，罗孚项目的踌躇不前并没有影响舆论的热情，因为毕睿德带来了足够多的好消息：宝马将与威廉姆斯车队（Williams）合作，回归一级方程式赛场；公司上半年的利润增长率达到了 30%，罗孚的销量也创造了八年来的新高。紧接着，全新 Mini 的原型车闪耀登场，蒙特卡洛拉力红（Monte Carlo Rally red）车身搭配纯白车顶的涂装致敬了经典 Mini——没有人介意它实际上只是一辆基于缩短轴距的菲亚特 Punto 打造的模型。全新 Mini 时尚且灵动，更重要的是，它正如人们所期待的那样专注于复古风格而非工程创新，与 1959 款如出一辙的巨大中置车速表就是最佳例证。但这一切也加剧了人们对罗孚的担忧——此时的罗孚显然已经成了黯淡无光的背景墙。次月的东京车展上，尽管全新 Mini 原型车没有现身，但宝马带来了亨里克·菲斯克设计的 Z07 复古概念车，也就是日后的 Z8 敞篷跑车。

让我们回到宝马的常规业务，此时的三个主力车系正一如既往地茁壮成长。1998 年的日内瓦车展上，宝马用创纪录的利润额和销量彰显了自己的实力。如约而至的第四代 3 系迅速引爆了市场，傲人的销量很大程度上要拜 320d 所搭载的直喷柴油机所赐。与此前问世的新 5 系和新 7 系一样，第四代 3 系的改进十分谨慎，相较上代产品，仅对造型进行了微调和优化，而非颠覆式的革新。这也表明了宝马长期以来所推崇的开发理念：使潜心孕育的革命性设计与匠心独具的细节优化交替呈现，完美平衡传承性与创新性，在不断提升产品力的同时，确保品牌形象经久不衰。3 系四门轿车版发售后不久，动感的双门硬顶版、优雅的敞篷版、实用的旅行版

宝马　第一代 X5（E53），1999—2006 年

第一代 X5 完美诠释了宝马的"运动型多功能车"（SAV）概念，它采用轿车悬架和转向机构来确保优异的公路操控表现，同时以大尺寸轮胎和空气弹簧来应对越野路况。X5 全系均在斯帕坦堡工厂生产。初期只有 V8 发动机车型，随后增加了直列六缸发动机车型，后者在欧洲市场更畅销。

- **1999 年**：搭载源自 5 系的 4.4L 排量 32 气门 V8 发动机的车型问世，输出功率 286hp（213kW），匹配五档自动变速器或五档手动变速器。搭载 231hp（172kW）3.0L 排量直列六缸发动机的车型问世。
- **2000 年**：进入欧洲市场，推出 3.0L 涡轮增压柴油发动机车型。
- **2001 年**：V8 发动机排量提升至 4.6L，输出功率提升至 347hp（259kW）。
- **2003 年**：3.0L 柴油发动机输出功率提升至 218hp（163kW）。全系搭载新一代 xDrive 四驱系统。进气格栅样式改变。
- **2004 年**：V8 发动机排量提升至 4.8L，输出功率提升至 360hp（268kW），匹配六档自动变速器。
- **2006 年**：车系停产，总产量 58 万辆。第二代 X5（E70）投产。

罗孚 75（RD1 和 R40），1998—2005 年

在宝马入主期间，罗孚仅推出了一款全新车型——75，它是首款由英国工程师在毫无预算限制的情况下开发的罗孚车型。在很多人看来，它也是罗孚有史以来生产的最佳车型。75 采用了重新设计的源自 5 系的 "Z-axle" 悬架，搭载罗孚 K 系列汽油发动机和宝马柴油发动机。75 的复古造型，尤其是典雅精致的内饰，受到了媒体的一致好评。在旅行版尚未问世时，宝马就将罗孚出售了。

1998 年：在伯明翰国际车展上首次亮相。
1999 年：量产车广受媒体赞誉。
2000 年：宝马将罗孚出售给凤凰财团，总装工作由牛津考利工厂迁至伯明翰长桥工厂。
2001 年：旅行版和悬挂 MG 车标的运动版问世。
2003 年：由 MG 罗孚研发的 MG ZT V-8 问世，采用后驱布局，搭载福特的 V8 发动机。
2005 年：MG 罗孚破产，75 停产，设计专利出售给中国上汽集团（SAIC）。

▲ 宝马最畅销车系：3 系在 1998 年进行了换代，相较第三代，第四代 3 系在造型设计方面更为出色

以及强悍的 M3 相继问世，而最令人惊喜的无疑是 Xi 四驱版和全新的 Compact 版。

宝马值得为这次迭代举杯庆祝，因为恰到好处的创新既能吸引新买家的目光，又能留住忠实客户的心。2006 年，当第五代 3 系（E90）走上台前时，宝马四家工厂的第四代 3 系总产量定格在 270 万辆。

然而，台前的风光无限难掩背后的辛酸，正当新 3 系引领着宝马品牌高歌猛进时，在德国的一个高尔夫球场里，为争取在 2003 年夺得劳斯莱斯品牌名称和商标的使用权，毕睿德正与大众集团首席执行官费迪南德·皮耶希（Ferdinand Piëch）进行着一场"边缘政策"（brinkmanship）式的较量。与此同时，来自罗孚的消息一天比一天糟糕，迫于自身股价的下行压力，宝马不得不将所有非必要支出无限期搁置——投机者们再次嗅到了死亡的气息，如秃鹰般盘旋在宝马与罗孚的头顶。1998 年 5 月，戴姆勒（Daimler）出人意料地收购了克莱斯勒——舆论开始借题发挥式地鼓吹宝马和沃尔沃将成为接下来的收购目标。

正所谓祸不单行，本该属于罗孚的高光时刻，却"意

▲ 1999 年，在威廉姆斯车队的协助下，宝马以 V12 LMR 赛车首次斩获勒芒 24 小时耐力赛冠军

▶ 宝马一直对劳斯莱斯品牌抱有浓厚兴趣，并与其商标所有者罗尔斯 - 罗伊斯航空发动机公司建立了稳固的合作关系。1998 年，大众集团抢先收购劳斯莱斯汽车公司，宝马随后与大众集团达成协议，双方约定自 2003 年起，宝马可生产劳斯莱斯品牌汽车

冒险与不幸

▲ 75是罗孚在宝马治下研发和生产的唯一一款全新车型,其复古造型和典雅内饰得到了媒体的广泛好评,在工程技术方面也表现出与宝马一致的高水准。然而,宝马董事长毕睿德在发布会上有关英国工人的过激言论无疑给75的大好前景蒙上了一层阴影

外"地因为毕睿德突如其来的情绪宣泄而演变成一场公关灾难。作为唯一一款完全由宝马主导开发的新产品,罗孚75在10月的伯明翰车展上揭开了神秘的面纱,它古典沉稳的造型和典雅精致的内饰赢得了现场媒体的一致好评,所有亲见者都认为罗孚将凭借这款轿车重归正轨。然而,在当晚的新闻发布会上,悲剧性的一幕发生了:毕睿德偏离早已准备好的演讲稿,愤然抨击了英国员工低下的生产力,并威胁称要关闭长桥工厂(Longbridge)。第二天早上,所有行业报纸的头版都充斥着对宝马抨击英国工人的报道,而原本十分出色的全新罗孚75却无人问津。

毕睿德所承受的压力越来越大,不仅来自董事会的其他成员,还有负责监事会的冯·金海姆,以及背后的匡特家族。宝马对罗孚缺乏明确的规划,毕睿德与赖茨勒之间又存在着巨大的鸿沟,前者希望将罗孚打造成立足英国本土的大众化品牌,而后者则坚持认为宝马应该出售或彻底放弃罗孚等品牌，只保留 Mini 和路虎品牌。1999 年 1 月，福特正式收购了沃尔沃的乘用车业务。当月 30 日的《经济学人》（Economist）上赫然刊登了这样一则评论——"罗孚的命运将决定（我们对）毕睿德先生的评价"。

1999 年 2 月 5 日成了宝马的"审判日"，在公司有史以来最漫长的一次监事会会议上，毕睿德和赖茨勒都成了"牺牲品"。一手将宝马"推"向深渊的毕睿德没能提出任何挽救性措施，因此毫无悬念地输掉了随之而来的权力斗争。令人意外的是，负责收拾烂摊子的并不是他雄心勃勃的老对头赖茨勒，而是一位默默无闻的前慕尼黑大学教授——约阿希姆·米尔贝格（Joachim Milberg）。

▲ 1999 年，宝马斯帕坦堡工厂生产线上的 X5 和 Z3。目前，斯帕坦堡工厂是宝马旗下规模最大的工厂

▲ 兼顾铺装路况和越野路况的 X5 是全球 SUV 市场中的突破性产品。对宝马而言，X5 的成功具有强大的激励作用，整个"X"家族目前包含 5 位成员

◀ 拥有浓郁复古风格的 Z8 跑车是 Z07 概念车的量产版，两者的设计灵感源于 20 世纪 50 年代的 507。先进的轻量化车身与强大的 400hp（298kW）V8 发动机赋予 Z8 无与伦比的性能表现，但这也导致其售价居高不下，在千禧年春季上市后仅生产了三年便宣告终结

第15章

从低谷到巅峰

1998年，随着情况的持续恶化，罗孚成了德国媒体口中的"问题儿童"（problem-child），宝马因此一直处于被动局面。到了1999年，人们意识到，罗孚问题很可能彻底演化为宝马的噩梦，这不仅仅是财务和业绩问题，更关乎蓝天白云标志的荣誉和未来。在最紧要的关头，"英国病人"（The English Patient）罗孚被转入"重症监护室"，由德国专家密切监护——但他们在处置方法上仍然存在分歧。

在毕睿德看来，宝马应该继续加大投资，使罗孚成为一个大众化品牌，而产品开发主管赖茨勒则希望出售或彻底放弃罗孚等品牌，只保留Mini和路虎品牌。左右为难的不只是管理层：许多小股东呼吁宝马尽快摆脱罗孚，但以冯·金海姆为首的监事会似乎依然对董事会抱有信心。

1999年2月，毕睿德和赖茨勒双双迎来了"最终审判"——前者丢掉了董事长权杖，而后者在落选董事长后黯然离职。宝马董事会任命相对中立的约阿希姆·米尔贝格教授（Prof Joachim Milberg）为董事长，以促进内部团结。在随后的多次公开发言中，米尔贝格都强调上述决议代表了全体董事的意见。

在稳稳接过董事长权杖后，米尔贝格开始加强对罗孚的控制——事情似乎本该如此。为体现对英国业务的信心，米尔贝格宣布："原则上说，推行多品牌战略是正确的决策，但事实证明（此前的）领导方式是错误的。"——这是不怎么习惯体尝失败滋味的宝马，首次"婉转"地承认罗孚项目的败局。这似乎说明，一旦传统的协商手段用尽，宝马既有的管理机制就显得有些苍白无力了。而更深层次的原因在于，受过良好教育且训练有素的德国管理团队，与不太勤奋的英国管理团队之间始终存在着鸿沟。在前任董事长付出了沉重代价后，宝马不得不做出改变——尤其是在德国《时代周报》（Die Zeit）公布了一份所谓宝马内部报告之后（但随后被宝马否认）——罗孚在1999年的亏损将达9亿英镑。

1999年3月的宝马股东大会剑拔弩张，因为公司将被收购的传言已经甚嚣尘上。董事们纷纷指责管理层的拙劣表现，监事会主席冯·金海姆成为众矢之的，一位小股东甚至发难道"（冯·金海姆）把首席执行官变更事务搞得像肥皂剧一样。"冯·金海姆反驳说这是恢复稳定的正确做法，但他同时确认了自己将辞去监事会职务的计划。

冯·金海姆在宝马深耕了三十年，他领导宝马从区域性中型企业发展成为蓬勃向上的全球性企业。米尔贝格的到来

宝马董事长毕睿德坚信进一步的投资能实现罗孚的复兴，但产品开发主管沃尔夫冈·赖茨勒却希望出售罗孚等品牌，仅保留路虎和Mini品牌。最终，两个不愿妥协的人都丢了工作，默默无闻的约阿希姆·米尔贝格接过了董事长权杖 ▶

◀ 诞生于斯帕坦堡工厂的 Z4 跑车备受赞誉，它完美诠释了克里斯·班戈的"立体火焰"设计语言

▲ 摆脱罗孚后，约阿希姆·米尔贝格为宝马带来了统一和稳定

奏响了新时代的序曲，尽管仍旧与罗孚纠缠不清，但宝马在新监管机制下的商业决策已经变得更加冷静和理性。公司内部分析表明，罗孚的前景不容乐观，管理层已经在探讨退出策略，结局显而易见——罗孚的现金流即将中断。障碍总会有，但凭借公司上下对重燃生机的渴望，蓝天白云标志绝不会就此消沉。

如释重负

消除了罗孚问题所引发的内部危机后，宝马再次向外界证明了自己的创造力：1998 年秋天推出的第四代 3 系轿车正以创纪录的速度驶下生产线，旅行版和双门硬顶版的加入使全系的年销量攀升至 30 万辆；740d 搭载的先进 V8 柴油机广受赞誉，相较同级汽油机，它的动力性和平顺性不落下风，燃油经济性更好，二氧化碳排放量更低；由宝马与威廉姆斯车队合作打造的 V12 LMR 赛车斩获勒芒 24 小时耐力赛冠军，为双方携手进军世界一级方程式锦标赛奠定了坚实的基础。

1999 年夏天，宝马迎来了新的高峰：斯帕坦堡工厂开始生产公司史上第一款 SUV——X5（E53）——毕睿德扩大产品线的承诺最终实现。对路虎等传统越野车/SUV 笨拙的铺装道路动态表现，宝马的工程师们嗤之以鼻，他们很清楚，要不负品牌所倡导的"纯粹驾驶乐趣"（Sheer driving plea-

sure),头顶蓝天白云标志的SUV就必须具备精准且灵动的操控性能。宝马的研发团队并不打算死守传统越野车/SUV的窠臼,他们决定基于轿车平台来打造自己的第一款SUV,并通过大尺寸轮胎和空气弹簧来确保可靠的越野性能。

于是,融合了5系底盘与7系动力总成的X5应运而生,它形似传统旅行车的优雅车身线条令人过目难忘。X5身上与路虎揽胜有关的,也许只有坡道缓降系统(Hill Descent Control,HDC)——该系统通过控制动力和制动系统,来使车辆在下坡时保持稳定的低速。优异的转弯侧倾抑制能力,以及精准的转向标定,使X5的行驶表现与传统越野车/SUV大相径庭——轻松愉悦的驾驶体验感,使X5完全配得上"运动型多功能车"(Sports Activity Vehicle,SAV)之名——显然,宝马创造出SAV这一全新车型称谓并不是故弄玄虚。最初一批X5几乎是为美国市场度身打造的,到量产第二年,除原有的V8汽油机车型外,宝马又针对欧洲市场推出了柴油机车型,并迅速站稳了市场。如今,宝马旗下的SAV车型销量已经占到其全球总销量的三分之一。

1998年5月,戴姆勒-奔驰(Daimler-Benz)与克莱斯勒合并,随后又收购了三菱汽车公司(Mitsubishi)。1999年1月,福特宣布收购沃尔沃的乘用车业务。同年3月,雷诺(Renault)拯救了危在旦夕的日产(Nissan),组建起了雷诺-日产联盟。与此同时,步履蹒跚的通用汽车(General Motors)也在一步步收购瑞典萨博(Saab)的股份,同时觊觎着意大利的菲亚特。

在很多分析师看来,宝马在罗孚的拖累下变得异常脆弱。20世纪即将结束之际,有关宝马将成为"俎上鱼肉"的传言已经不绝于耳。好在,得益于大股东匡特家族的坚定支持,公司并没有在内忧外患中沉沦。对宝马而言,唯一值得考虑的与"收购"相关的事,就是为罗孚寻找新的买家。理性面对现实的宝马管理层不得不选择退缩,因为如果要使罗

▲ 今天，你恐怕很难理解克里斯·班戈设计的第四代 7 系（E65）有何怪异之处，但在 2001 年，它的确激起了汽车设计界的广泛争论

▽ 宝马的 V8 柴油发动机具有不亚于同级汽油发动机的动力性能和运行品质

孚庞大却过时的长桥工厂实现现代化，进而在 2001 年开始投产全新 Mini，并按计划在几年后投产至关重要的罗孚 R30，就必须追加投资至少 17 亿英镑，这显然是不可承受的。不过，在一轮苦苦寻觅后，宝马管理层无奈地发现，没有一家有实力的汽车制造商情愿接手罗孚的乱摊子。最终，当英国私募基金公司 Alchemy Partners 的两位企业家难能可贵地抛出橄榄枝时，宝马表现出了理所当然的热情。

宝马与 Alchemy 的秘密谈判持续了数月之久。尽管 2000 年初发布的罗孚财报已经不堪入目——销量下降了三分之一，但米尔贝格和宝马董事会仍然表示对罗孚的未来充满信心。在 3 月的日内瓦车展上，宝马高层甚至明确否认了出售罗孚的传言。"我们不会放弃集团的这一部分（指罗孚）。"时任宝马财务总监赫尔穆特·潘克（Helmut Panke）如是告诉《金融时报》的"汽车世界"（Automotive World）版块记者。

打破传统：宝马的全新设计语言

1999 年的法兰克福车展上，似乎每个人都在谈论着一个相对陌生的名字——克里斯·班戈。自 1992 年起，这位执着的美国设计师就辛勤耕耘在宝马设计工作室。这届车展上发布的 Z9 概念车，是第一款公开展示的由班戈主导设计的宝马产品。身为大型四座轿跑车，采用冰蓝色涂装的 Z9 拥有颠覆性的环绕式车身和向上开启的鸥翼式车门——这些设计元素引起了观者的强烈反响，从困惑到反感，甚至还有愤慨和惶恐。令人"愤慨"的是，班戈竟然对宝马经典的双肾形进气格栅"大动手脚"——将格栅改为直瀑式镀铬形式，同时在原本平滑的车尾增加了一个莫名其妙的"丑陋鸭尾"。此外，Z9 还采用了极致简约的内饰风格，与同时代往往具有错综复杂的按钮和仪表的豪华轿车截然不同，它的中央通道上只有一个硕大的金属旋钮，作为"直观交互概念"（Intuitive Interaction Concept）中的唯一实体操控装置——这个将大部分车辆控制功能融于一体的集成化系统，就是日后宝马所有量产车上标配的 iDrive 系统的雏形，它开创了车载人机交互系统的先河。

在许多评论家看来，Z9 也许只是宝马的一次"纵情幻想"。只有那些用心领悟 Z9 设计理念的人，才能真正欣赏到一辆极具前瞻性的 GT 跑车的精髓。一年后的巴黎车展上，Z9 敞篷版问世——显然，班戈已经抱定打破宝马传统设计语言的决心，他对随之而来的质疑和争论毫不畏惧。

2001 年夏天，第四代 7 系（E65）推出后，班戈再次被推上了风口浪尖。第四代 7 系是第一款充分诠释班戈设计理念的量产车，它在美学和功能性方面都颠覆了豪华车市场的规则，也因此被永载史册。当时，第四代 7 系的"离经叛道"导致了一场针对班戈的旷日持久的批判，但他始终没有动摇。更富深意的是，班戈的设计理念，尤其是赋予平淡无奇的车身侧面、发动机舱盖等部位以无限生机的表面设计，几乎影响了日后的每一位汽车设计师——这也许是对他所坚持的一切的最佳褒奖。

班戈遭到了众多媒体和"保守派"车迷的无情讽刺和抨击，他们甚至将第四代 7 系的独特尾部称为"班戈的屁股"（Bangle-Butt），这无异于恶毒的人身攻击。正如许多先驱者一样，班戈在为未来而战——唯一遗憾的是，他对自己复杂理论的阐释并不能唤醒那些"装睡的人"。尽管宝马的公关团队曾努力为班戈化解误会，但记者们仍然紧盯着他的一些"过激"言论。有趣的是，笔者在为撰写本书做前期调查时，发现了一条宝马内部记录，评价了班戈所接受的一次媒体访谈："一次成功的采访，很少有'疯子'般的言论。"

Z9 和第四代 7 系只是班戈前瞻性设计思维的缩影，值得欣慰的是，它们如今都获得了普遍的认可——当然，你也许永远也无法理解当时的人们为什么会对班戈如此"刻薄"。

◀ Z9 GT 概念车开启了宝马设计风格的新纪元，但也给宝马和班戈带来了持续的"烦恼"

克里斯·班戈（右上图）为宝马注入了新的活力。阿德里安·范·霍伊东克（右下图）是班戈的接班人，他在班戈离开后继任宝马设计总监 ▶

▲ 舆论期待已久的全新 Mini 于 2001 年夏季在牛津工厂投产

2006 年，外向且精力旺盛的赫尔穆特·潘克从"安静教授"约阿希姆·米尔贝格手中接过了宝马董事长的权杖 ▽

这些听起来极为"真诚"的声明只是欲盖弥彰——仅仅两周后，宝马就正式宣布将罗孚的汽车制造业务和长桥工厂出售给 Alchemy。作为 Alchemy 的管理合伙人，乔恩·莫尔顿（Jon Moulton）开始对收购事宜进行详尽调查。针对英国民众的敌意，他打算精简罗孚（Rover）的造车业务，只专注于 MG 品牌。不久后，宝马又带来了一则震惊业界的消息：以 18 亿英镑将路虎出售给福特——这使已经跳槽到福特的赖茨勒得以与自己一手缔造的第三代揽胜再续前缘。

不幸的是，罗孚之灾并没有就此消散。一番调查后，Alchemy 对罗孚的状况表达出了极度不满，旋即撤回了报价。此时，由罗孚员工、前高管和本地商人组建的凤凰财团（Phoenix Consortium）伺机介入了收购案——这些对罗孚品牌抱有难舍情怀的英国人即将扮演"救世主"的角色。2000 年 5 月初，在组织工会代表团和四位董事（即所谓的"凤凰四人组"，他们将因罗孚事件而臭名昭著）参观工厂后，双方最终达成了收购协议。然而，5 月 9 日公布的协议内容明显是一边倒的：凤凰财团将只需要为收购罗孚的所有资产、长桥工厂、大量库存车辆以及罗孚商标使用权，象征性地支付给宝马 10 英镑，同时还能获得 5 亿英镑的重组贷款——因为他们根本没能在资本市场上筹集到足够的资金。

凤凰财团负责人约翰·托尔斯（即前罗孚首席执行官）回到长桥工厂后受到了英雄般的夹道欢迎，本地小报记者们为此欢呼雀跃——似乎一笔宝贵的国家资产就这样被拯救了。与此同时，专业的财经类媒体却表达了不无忧虑的谨慎态度，他们的确有充分的理由质疑凤凰财团的实力和罗孚作为独立汽车制造商的长期前景。但无论如何，宝马对这样的结果都是心满意足的，因为他们彻底甩掉了罗孚这个沉重的包袱，也不会为此背负上"扼杀不列颠汽车工业最后一丝荣光"的罪名。在宝马的官方史料中，与罗孚的"联姻"被称为"不太幸运的合作"（A luckless partnership）。对罗孚而言，能再次走上独立运营的道路至少是一个令人振奋的开端——当然，仅仅五年后，这家百年企业还是不可避免地坠

▲ 沃尔夫冈·赖茨勒与令他百感交集的第三代路虎揽胜在一起。赖茨勒在宝马以研发主管身份开启了第三代揽胜项目,又戏剧性地在福特以副总裁身份主持了这款车的发布会

2004 款 M5 所搭载的 V10 发动机(右)的技术灵感源于当时的一级方程式赛车发动机 ▶

入了破产深渊。

宝马终于能将视线从不列颠岛移开,喘上一口气。罗孚正在米尔贝格的"后视镜"中迅速远去,他将引领宝马重新驶入正轨,恢复往昔活力。事实胜于雄辩,出售协议甫一达成,看涨的消息就扑面而来:在刚刚提出的"新豪华"(New Premium)策略刺激下,宝马产品的市场表现比以往任何时候都更强劲,过去六个月的汽车和摩托车销量双双创下历史新高。为满足日益增长的产能需求,装配线工人们的假期都被取消了,除排满轮班表外,又有 1000 名新员工加入"战斗"。此外,宝马还计划建造一座全新的工厂,并在 2004 年正式投产。

出售罗孚不久后,宝马上演了一幕"王者归来"的好戏——公司股价短期飙升了 50%。Mini 的生产设备转移到了原属罗孚的考利工厂(Cowley)——这里很快就会更名为牛津工厂(Oxford),以示斩断与凤凰财团之间的任何瓜葛。此时,凤凰财团已经将罗孚更名为 MG 罗孚(MG Rover),并在长桥工厂生产着广受欢迎的罗孚 75。

尽管初期投入不菲,但宝马仍然能自豪地宣布 Mini 品牌在千禧年实现了扭亏为盈。在股东大会的致辞中,米贝尔格高调宣布宝马已经开始研发"针对高端紧凑级市场的新车系"——这就是 2004 年面世的 1 系,它将成为大众高尔夫的竞争对手,填补失去罗孚后留下的市场空白。不久后,又一款全新车型列入了研发清单——将于 2003 年问世的 X3,比 X5 稍小的 SUV,对标对象是路虎神行者——这款超级成功的中型 SUV 帮福特赚了不少钱。由于宝马自有工厂的产能已经达到极限,X3 将由宝马位于奥地利的合同制造商麦格纳·斯太尔(Magna Steyr)负责生产。

2001 年初,克里斯·班戈(Chris Bangle)推出了一款令人费解的概念车——X Coupe,它采用了不对称式高车身,完全打破了宝马的传统设计规则——它集威猛、动感和实用于一身的设计理念,在数年后随宝马首款 SAC 车型——X6 的到来而走向现实,为注重个性与时尚的消费者提供了一项标新立异的选择。当年 1 月,备受关注的宝马首款个人出行产品——C1 踏板摩托车也正式亮相。在宝马的宣传中,配备顶篷、挡风玻璃、雨刮和安全带的 C1 似乎拥有与汽车同水平的安全性——骑手甚至无需佩戴头盔。然而,市场的反应却出奇地冷淡,因为至少从大多数国家和地区的法律现实来看,C1 无需佩戴头盔的卖点是毫无价值的。也许是背负了太

宝马　第四代 7 系（E65），2001—2008 年

第四代 7 系是出自班戈设计团队之手的第一款量产车，它激进的造型和超前的配置（例如人机交互系统 iDrive）引发了激烈的争论，对汽车设计行业产生了深远影响。周身散发着磅礴气势的第四代 7 系，凭借出色的发动机、世界上第一型六档手自一体变速器以及 Dynamic Drive 智能悬架，为驾乘者提供了无与伦比的动态感受。

2001 年：735i 和 745i 问世，两者均搭载配装 Valvetronic 可变气门升程系统的 V8 发动机，前者输出功率为 272hp（203kW），后者输出功率为 333hp（248 kW）。全系标配六档手自一体变速器。

2002 年：搭载六缸发动机的 730i（231hp/172kW）和 730d（218hp/163 kW）问世。搭载 V8 柴油发动机的 740d（258hp/192 kW）问世。搭载世界上第一型 6.0L 排量 V12 直喷发动机的旗舰车型 760i 问世，输出功率为 445hp（332 kW），提供长轴距版，拥有专属的宽饰条双肾形进气格栅。

2003 年：经过中期改款，发动机舱盖与前照灯（氙气灯）平滑融合，双肾形进气格栅加宽，尾灯向内延伸至行李舱盖。

2005 年：730i 发动机输出功率提升至 258hp（192 kW）。740i（306hp/268 kW）取代了 735i。750i（367hp/274 kW）取代了 745i。740d 发动机输出功率提升至 300hp（224 kW）。

2006 年：限量 100 辆的氢能源版 7 系（Hydrogen 7）问世，仅提供给指定租赁客户。

2008 年：车系停产。第五代 7 系（F01）问世。

▲ 第五代 5 系并没有像第四代 7 系那样引起争端，它依然是中型车市场的领导者

多"超前"的理念，C1 不幸地成为宝马发展史上罕有的败作，意大利的合作生产方博通（Bertone）为此不得不提前关停了生产线。作为补偿，2006 年，宝马再次指定博通作为限量高性能版 Mini——Mini GP 的合作生产方。

2001 年对宝马而言意义非凡，两款重磅车型相继发布：一款是班戈操刀设计的第四代 7 系（E65），它将全新的设计理念引入高端产品线；另一款是万众期待的全新 Mini，由于其最初计划年产量只有 8 万辆，一些金融分析师怀疑宝马能否造出一款符合自己标准的小型车并从中获利。然而，随着"Mini 风潮"的蔚然兴起，大众的消费热情很快驱散了质疑声：大多数客户在订购 Mini 时都会选装个性化配置和装饰，这些"额外"的付出能达到基础售价的 30%~40%，为宝马带来了可观的利润。

宝马充分发掘了 Mini 作为全球第一款高端小型车的价值：来自全球各地的年轻消费者对这个"小家伙"趋之若鹜，他们视 Mini 为时尚风格与驾驶乐趣的象征——特别是在

▲ 克里斯·班戈与他领导设计的三款宝马概念车：X Coupe、CS1 和 Z9 Gran Turismo

▲ 轿跑版/敞篷版 645Ci 的设计灵感源于 1999/2000 年的 Z9 概念车。时至今日，有关班戈设计理念的争论早已烟消云散

2002 年强大的 Cooper S 推出之后。Mini 投产后不久，牛津工厂就不得不开始实行一周七天的三班制来满足市场需求。在灵活营销手段的推波助澜下，宝马会定期发布一款全新 Mini 的衍生车型，例如软顶敞篷版、Clubman（旅行版）和 Countryman（SUV 版），这使 Mini 总能引领汽车业的时尚潮流，成为媒体竞相追逐的宠儿，并最终成功激发市场需求。在二手车市场上，高保值率为 Mini 赢得了不错的口碑，这无疑进一步燃起了人们对拥有一辆 Mini 的热情。

只为巅峰

2003 年 1 月 1 日是足以载入宝马史册的一天：从这天起，宝马终于可以合法地使用劳斯莱斯这个超豪华品牌和举世闻名的双 R 标志——劳斯莱斯的经典车型幻影（Phantom）也随之涅槃重生。全新劳斯莱斯工厂坐落于古德伍德赛道（Goodwood）旁——在这里，英国本土的专业匠人用自己的双手，将由德国运来的铝质车身和 V12 发动机，与珍贵的木材和奢华的真皮融于一体，打造出一辆辆举世无双的幻影。

要知道，宝马从大众手中夺得的仅仅是劳斯莱斯的商标和名称，这意味着全新幻影的每一个部件都要从零开始设计，更重要的是，为不负历史荣光与世人所望，它必须从点火的一刹那就呈现出绝对的完美。出自设计总监伊恩·卡梅隆（Ian Cameron）之手的庞大车身，乍看之下令人生畏，但只要仔细端详，就能感受到现代工程设计与历史传承相得益彰所带来的震撼与愉悦。超级富豪们的订单很快超过了古德伍德工厂的产能极限。与 Mini 一样，在接下来的十年中，劳斯莱斯也会借助更多车型和持续扩大的产能来重返巅峰。

自 2001 年正式亮相后，第四代 7 系就一直没能摆脱设计理念上的非议，但与此同时却取得了不同凡响的销售成绩——这也许要归因于消费者对它的造型和集成化控制系统远没有媒体记者和分析师那样排斥。继承 Z3 衣钵的运动敞篷跑车 Z4 在 2002 年底粉墨登场，即将走上董事长宝座的赫

宝马　Z4（E85/86/89），2002—2018年

作为Z3的继任者，Z4是首款运用克里斯·班戈"立体火焰"设计语言的宝马量产车，与众不同的形面处理手法和绚烂的光影效果使它的车身极具雕塑感。Z4传承了宝马经典敞篷跑车风格的长发动机舱、短行李舱造型。与Z3不同的是，Z4甫一问世就搭载了强劲的六缸发动机，并匹配高效的六档SMG序列式变速器或五档自动变速器。

2003年：2.2i（170hp/127kW）、2.5i（192hp/143 kW）和3.0i（231hp/172 kW）同时问世。

2005年：拥有溜背式车尾和精致银色涂装的Z4 Coupe概念车在法兰克福车展上亮相。

2006年：推出Roadster和Coupe形式的Z4 M，搭载源自M3的3.3L直列六缸发动机，输出功率343hp（256kW），匹配采埃孚（ZF）六档手动变速器和M差速器，采用电控液压助力转向系统。

2009年：第二代Z4问世，车身造型经重新设计，采用可收折金属硬顶设计，取代了Roadster和Coupe。产地由美国斯帕坦堡转移至德国雷根斯堡。首批推出23i、30i和35i三个车型。35i可选配七档双离合变速器，23i和30i标配六档自动变速器。

2011年：更新发动机，推出搭载184hp（137kW）单涡轮增压四缸发动机的20i、搭载245hp（183kW）双涡轮增压四缸发动机的28i和搭载340hp（254kW）双涡轮增压六缸发动机的35is三个车型。

2012年：Zagato风格的Z4概念车在埃斯特庄园经典车展（Concorso d'Eleganza）上亮相。

2013年：更新产品线，推出搭载156hp（116kW）四缸发动机的18i车型。全系引入Efficient Dynamics技术，前照灯引入白色"天使眼"LED日间行车灯。

尔穆特·潘克主持了发布会。Z4全方位展现了班戈团队的理念，它以"立体火焰"（flame surfacing）设计语言开辟了一条崭新的风尚之路——复杂的车身曲面和折线使反射光线变得更加绚丽多姿，为看似平淡无奇的造型注入了挑动心弦的气质——时至今日，你仍能从新款宝马跑车身上感受到这种独特的魅力。

接下来发布的第五代5系（E60/61）同样展现了宝马的最新设计理念。不像许多人所担心的那样，第五代5系并非7系的"简化缩小版"，它拥有与生俱来的运动特质——完美的车身姿态与迷人的雕塑式车身线条水乳交融。轿车版面世一年后，旅行版也如约而至，它们都采用了创新的钢铝混合材质底盘/悬架，在追求轻量化的同时优化了车身重心，经济性和操控性均大幅提高，因此赢得了不俗的市场反响。最引人瞩目的无疑是全新M5，它搭载了源于赛场的高转速V10发动机，最大输出功率达到前所未有的378kW（507hp），无限速最高车速可达331km/h。

与此同时，搭载V12直喷发动机的760i、开拓中型SUV市场的X3以及强势回归的6系运动跑车纷至沓来，进一步推高了宝马的销量。2004年底，宝马骄傲地宣布，过去一年是公司有史以来最辉煌的一年，因为他们实现了上一代管理者梦寐以求的目标——超越宿敌梅赛德斯-奔驰，成为世界上规模最大的豪华汽车制造商。当年，宝马集团（BMW Group）的汽车总销量达到120万辆——首次突破100万辆大关，而原计划年产能只有12万辆的Mini牛津工厂，竟然扎扎实实地交出了18.4万辆的年终成绩单，就连劳斯莱斯都"意外"地售出了800辆幻影。在摩托车战场上，宝马同样高歌猛进，销量距离突破六位数大关只一步之遥。

同样是2004年，当前卫的H2R创造氢燃料电池汽车的速度纪录时，宝马与华晨汽车控股有限公司（Brilliance China Automotive Holdings）创办了合资企业，开始在中国生产宝马汽车。宝马内部也发生了一些改变，克里斯·班戈开始负责小组级别的设计工作，阿德里安·范·霍伊东克（Adrian Van Hooydonk）被任命为首席设计师，格特·希尔德布兰德（Gert Hildebrand）则接手了Mini的设计工作。就市场影响力而言，首次亮相的1系稳坐头把交椅——这款紧凑型五门掀背车成为大众高尔夫的劲敌对手。

宝马 第五代 5 系（E60/61），2003—2010 年

第五代 5 系俊朗灵动，与风格厚重的第四代 7 系大相径庭，它通过采用钢铝混合车身结构件提升了轻量化水平，拥有超越同级对手的动态表现。除 545i 搭载 V8 发动机外，其余车型均搭载六缸发动机，匹配六档手动或自动变速器，可选装主动转向系统（Active Front Steering）。此外，第五代 5 系配有简化版 iDrive 系统，可选装抬头显示系统（HUD）。

2003 年：搭载汽油发动机的 520i（170hp/127kW）和 545i（333hp/248kW）等，以及搭载柴油发动机的 525d（177hp/132kW）和 530d（218hp/163kW）问世。

2004 年：旅行版（E61）问世。高性能柴油发动机版 535d 问世，配装两级涡轮增压系统，输出功率为 272hp（203kW）。M5 概念车在日内瓦车展上亮相，搭载 5.0L 排量 V10 发动机，输出功率为 507hp（378kW）。开始在中国生产长轴距版。

2005 年：搭载高转速 V10 发动机的 M5 问世，匹配有 11 种换档模式的七档 SMG 序列式变速器。

2007 年：经中期改款，前照灯、尾灯和保险杠造型改变。全系引入 Efficient Dynamics 技术。搭载四缸柴油发动机的 520d 问世。旅行版 M5 问世。

2008 年：更新了 iDrive 系统，可选装硬盘驱动器和车载云端互联。可选装四驱系统。

2010 年：车系停产。第六代 5 系（F07）上市。

▲ 宝马在 2004 年发布的最具商业价值的产品是 1 系，后轮驱动是它的核心卖点，但其车尾造型引发了争议

2005 年亮相的 Z4 Coupe 概念车采用了柔和的银色涂装，突显了车身的复杂曲面

宝马　第一代 X3（E83），2003—2010 年

宝马将路虎出售给福特后，E83 项目迎来了曙光。作为 X5 的小兄弟，它将与势头正盛的路虎神行者争夺中型 SUV 市场。当第一代 X3 于 2003 年揭开面纱时，人们发现它几乎与 X5 一样大，但售价更亲民。与 X5 一样，基于轿车平台打造的 X3 拥有硬朗的悬架和出色的公路动态表现，而多片离合器式中央差速器使它能应对大多数复杂路况。不过在很多人看来，第一代 X3 明显缺乏 X5 的优雅气质，在 2006 年进行中期改款前，它至多是 X5 的简化缩小版。第一代 X3 由宝马的奥地利合作伙伴麦格纳·斯太尔组装。

2003 年：xActivity 概念车在 2003 年 1 月的底特律车展上亮相。9 月，搭载 3.0L 六缸汽油发动机/柴油发动机的量产版 X3 问世。
2004 年：搭载四缸发动机的车型问世。
2006 年：经中期改款，前照灯和尾灯组、保险杠和内饰均重新设计，配装全新 xDrive 四驱系统，悬架重新调校。搭载双涡轮增压六缸柴油发动机的旗舰车型 35d 问世，输出功率为 286hp（213kW），匹配六档自动变速器。
2010 年：车系停产。第二代 X3（F25）在斯帕坦堡工厂投产。

▲ 宝马的氢能源动力系统试验车 H2R

全新 1 系再次激起了人们对班戈设计理念的争论。"长发动机舱 + 短车身"式掀背设计突显了性感的车尾，彰显出 1 系"同级唯一后驱布局"的特质——那些热衷于纯粹驾驶乐趣而非宽敞空间的消费者为此欣喜若狂。不过，当 2015 年问世的第三代 1 系转而采用前驱布局时，宝马并没有遭遇媒体们预言的滑铁卢，因为早期的客户调查表明，大多数选择 1 系的车主实际上并不关心驱动布局——显然，蓝天白云标志的价值并没有这样简单。

2005 年，甩掉罗孚后上马的工程项目一个个迎来了收获的季节：占宝马汽车总销量 38% 的 3 系即将换代；新一代六缸发动机通过引入镁合金材料实现了进一步的轻量化，同时配装了高精度直喷系统；Z4M、更时尚的 Z4 Coupe 概念车，以及一系列 Mini 概念旅行车相继登场；用于摩托车的全新四气门水平对置双缸发动机投入使用；全新设计的小型厢式货

▲ 2006年是宝马首款敞篷跑车问世75周年，从左至右：Z1（1988年）、Z3（1995年）、Z8（1999年）和Z4（2002年）

车崭露头角；比幻影小一号的RR4项目（即Ghost，古斯特）进展顺利。在研发和生产方面：莱比锡工厂已经投产；与标致达成了合作研制发动机的协议；与通用和本田达成了氢能源方面的合作协议；在中国，3系和5系的总目标年销量是33000辆；2014年，宝马在中国市场的累计销量超过了45万辆。

一切向好的局面使宝马信心倍增，在同行们大多陷入节支裁员的"周期律"时，宝马又逆势增加了12000个工作岗位。对此，金融分析师们表达了一如既往的担忧，在他们看来，宝马的利润率仍不及老对手梅赛德斯-奔驰和走上复兴之路的保时捷——这显然是不小的隐患。将成为赫尔穆特·潘克接班人的诺贝特·赖特霍费尔（Norbert Reithofer）开始组织路演，向金融界介绍下一步计划：他将于2007年启动"第一战略"（Strategy Number One），将企业经营重点由显性的

 宝马　第二代6系（E63/64），2003—2010年

这一代6系重振了635 CSi的雄风，它成为人们交口称赞的经典GT跑车，而其设计原型恰恰是出自班戈之手的饱受争议的1999款Z9概念车。6系的机械部件主要源于5系，它动力强劲且极富驾驶乐趣。新一代M6与世界上首型用于豪华跑车的柴油发动机，再次展现了宝马与时俱进的创新精神。

2003年：搭载333hp（248kW）4.4L排量V8发动机的645Ci轿跑车在法兰克福车展上亮相。
2004年：645Ci敞篷跑车在底特律车展上亮相。搭载258hp（192 kW）3.0L六缸发动机的630i问世。搭载507hp（378 kW）V10发动机的旗舰车型M6问世。
2006年：敞篷版M6问世。搭载360hp（268 kW）4.8L发动机的650i取代了645Ci。
2007年：世界上首款搭载柴油发动机的豪华跑车635d问世。3.0L汽油发动机换装燃油直喷系统。全系造型微调。
2010年：车系停产。
2011年：新一代6系（F12/F13）问世。

宝马　第一代1系（E81/86/87），2004—2011年

宝马摆脱罗孚后，1系为消费者提供了一个介于Mini与3系间的实惠之选。在产品规划师们看来，宝马经典的后驱布局将使1系在同级产品中鹤立鸡群。修长的发动机舱和后置的视觉重心使第一代1系看起来与众不同，但也导致了两极分化的审美观点。

2002年：紧凑型概念敞篷跑车CS1在日内瓦车展上亮相。

2004年：五门掀背版问世，包括116i（115hp/86kW）和120d（163hp/122kW）等车型。除116i外，其他车型均匹配六档变速器。120i配装Valvetronic。

2005年：搭载258hp（192kW）六缸汽油发动机的130i问世。

2007年：1系成为Efficient Dynamics技术理念的"形象大使"，排放减少20%以上。三门掀背版问世。所有车型均配备制动能量回收和发动机自动起停系统。120i换装采用高精度直喷技术的新型发动机，输出功率为170hp（127kW）。130i换装世界上最轻的六缸发动机，配装双VANOS和Valvetronic，输出功率可达265hp（198kW）。

2008年：具有轿车式样短行李舱的Coupe车型问世，旨在重现2002的经典风范，车型包括搭载柴油发动机的120d（177hp/132kW）和123d（204hp/152kW），135i搭载306hp（228kW）双涡轮增压六缸发动机。敞篷版在底特律车展上亮相。增加搭载218hp（163kW）汽油发动机的125i。

2009年：搭载柴油发动机的118d和123d问世。世界上唯一一款配装可变截面双涡轮增压器的柴油车123d问世，输出功率为204hp（152kW）。

2010年：1M Coupe问世，搭载3.0L排量N54双涡轮增压直列六缸发动机，输出功率为335hp（250kW），最大转矩为450N·m，匹配六档手动变速器。

2011年：ActiveE Coupe限量投产，用于研究纯电驱动系统。车系停产。第二代1系（F20）投产。

销量层面，转向利润率和客户满意度等隐性层面。

宝马以强劲的势头迈入了2006年：先进的双涡轮增压六缸发动机（包括汽油和柴油两个版本）、6系M版、尺寸升级的第二代X5、经历了重大改进的X3、更加精致的第二代Mini cooper、V12氢动力7系、符合美国排放法规的柴油机技术，以及搭载直列双缸发动机的F850摩托车尽皆亮相。8月公布上半年业绩时，潘克的心情无比舒畅，他已经将宝马的"巡航速度"调至最高档，使蓝天白云标志的全球领先地位进一步转化为竞争优势。

宝马　第五代 3 系（E90/91/92/93），2004—2011 年

对宝马而言，为旗下最畅销的第四代 3 系（E46）打造继任者无疑是一项艰巨的挑战。2004 年问世的第五代 3 系不负众望，它自然流畅的车身线条和标志性的"天使眼"日间行车灯令人过目难忘。相比上代车型，第五代 3 系的车身尺寸明显增大，但由于采用了大量铝质部件和全新五连杆式后悬架，它反而变得更轻盈，也更舒适。

2004 年：公布四门轿车版。
2005 年：量产版在日内瓦车展上首次亮相，产品线包括 320d、320i（四缸发动机）、325i（六缸发动机，218hp/163kW）和 330i（六缸发动机，258hp/192kW）。
2006 年：旅行版（E91）问世。双门轿跑版（E92）问世，其车身与四门轿车版完全不同，车身更低矮，尾灯更宽。敞篷版放弃软顶设计，采用可收折金属硬顶。
2007 年：M3 问世，包含四门轿车版、双门轿跑版和敞篷版，搭载新型 414hp（309kW）4.0L 排量 V8 发动机，最初仅匹配六档手动变速器，后增加六档双离合变速器。双门轿跑版引入 335i 车型，搭载 TwinPower Turbo 发动机，输出功率为 306hp（228kW）。
2008 年：轿车版和旅行版经中期改款，换装新设计的保险杠、前照灯组、发动机舱盖和行李舱盖。部分车型可选装 xDrive 四驱系统。318d 可选配六档自动变速器，330d 输出功率提高至 245hp（183kW），335d 输出功率提高至 286hp（213kW）。
2009 年：全系发动机升级。320d 采用 Efficient Dynamics 技术，成为当时最环保、高效的宝马内燃机车，二氧化碳排放量仅为 109g/km。新款 318d 也降低了排放量。推出 M3 GTS（轻量化版），限量 135 辆。
2010 年：双门轿跑版和敞篷版经中期改款，换装新设计的双肾形进气格栅、前照灯组和发动机舱盖，内饰也经重新设计，配置升级。
2011 年：公布第六代 3 系（F30）。推出 M3 CRT（Carbon Racing Technology）四门轿车，搭载 450hp（336kW）4.4L 排量 V8 发动机，匹配七档双离合变速器。车系停产。

第 16 章

解锁Mini风潮

宝马入主后，Mini品牌取得了令人瞩目的成就，并深刻影响了世界汽车市场的格局。实际上，重生前的Mini经历了艰难的孕育过程：由于分属罗孚和宝马的两个Mini项目组在设计方向上迟迟难以达成一致，研发工作曾几次被迫中断。罗孚项目组提出的方案忠实于1959款经典Mini，在尊重原创精神的基础上融合了一些技术创新，而宝马项目组则倾向于采用更时尚、更具颠覆性的设计方案，强调驾驶乐趣而非实用性。

最终，领悟蓝天白云标志内涵的宝马项目组占了上风。定型方案由弗兰克·斯蒂芬森（Frank Stephenson）主导设计——这位在摩洛哥出生、在美国接受教育的复古设计大师一手解锁了"Mini风潮"，他提出的高度定制化内饰强化了Mini"首款精品小型车"的产品定位。

在技术层面，全新Mini cooper（R50）项目采用了稍稍向空间妥协的2+2布局，并尽可能融合了一些尚在开发的先进技术：配装精密多连杆后悬架的宝马前驱平台，以及与克莱斯勒共同设计、在巴西制造的新型四缸发动机。对大多数消费者而言，全新Mini的最大亮点，无疑是在造型和驾驶感受上本真地还原了曾活跃在拉力赛场上的战功赫赫的初代Mini的"神韵"——即使它相对前辈略显"臃肿"，甚至在

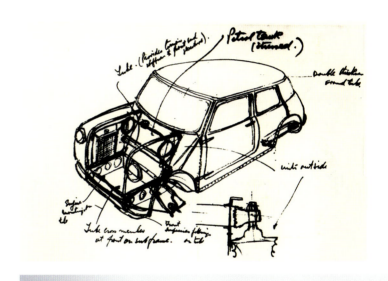

▲ 伊西戈尼斯爵士为1959款Mini绘制的"餐布素描"（上图），以及20世纪90年代具有致敬意义的Spiritual素描

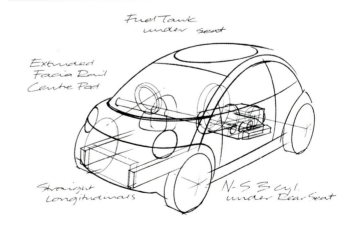

空间利用率上远不及前辈。

在全新Mini cooper的引领下，小型车领域掀起了一股前所未有的"时尚风潮"——没有人能拒绝一辆激情四射、能量满格的"小家伙"——不断壮大的Mini家族将在更多细分市场上播撒活力的种子，为整个市场带来翻天覆地的变化。

罗孚Spiritual概念车，1997年

蹒跚前行的英德联合团队设计出的1959款经典Mini换代方案，得到了"英国派"的一致拥护。Spiritual延续了经典Mini的激进设计理念，其发动机置于后车身地板下部，在空间利用率上与经典Mini不相上下。然而，在1995年的方案竞标中，Spiritual遭到了宝马管理层的否决，他们认为Spiritual没能展现出顺应21世纪潮流的新Mini精神。

宝马ACV30概念车，1997年

ACV30是阿德里安·范·霍伊东克与弗兰克·斯蒂芬森携手完成的作品，其设计灵感源自20世纪60年代驰骋在拉力赛场上的经典Mini，采用"白车顶+红白拉力条纹车身"涂装。相较传统小型掀背车，ACV30更像一款轿跑车，它基于MGF跑车平台打造，因此采用后驱形式。ACV30为宝马指明了Mini品牌的发展方向，也为斯蒂芬森最终的获胜方案提供了创意基调。

Mini Cooper，2000年

2000年的巴黎车展上，当量产版Mini Cooper正式揭开面纱时，宝马为Mini品牌注入的全新设计理念才首次清晰呈现在世人面前。无论造型还是内饰，无论整体还是细节，Mini Cooper都堪称大胆、时尚且精致的设计杰作——没有人能忽视它极富想象力的内饰布局和中控台上标志性的硕大

车速表。更重要的是,它琳琅满目的个性化选装清单,确保了每位车主都能拥有属于自己的量身定制的Mini。即使售价不菲、驾乘和储物空间都相对局促,但不可否认的是,Mini cooper开启了个性化高端小车的新纪元,在汽车行业中引领了全新的产品和营销思维模式。

Mini Cooper S,2002年

Mini Cooper很快就成为宝马旗下的畅销产品,大多数买家还会心甘情愿地多花25%的费用选装个性化配置,这为宝马带来了可观的利润。尽管每位车主都对Mini Cooper如卡丁车般的"敏捷身手"赞叹不已,但那台1.6L自然吸气发动机所能提供的"推背感"实在有限——直到Cooper S问世,Mini才真正进化为小型车中的"绝世高手"。Cooper S搭载

了一台"暴躁"的机械增压发动机，只要稍加"放纵"，它就会发出令人血脉偾张的轰鸣声，排气管也会"砰砰"作响。"小身材大能量"的 Cooper S 甚至让很多"肌肉车"爱好者都爱不释手，它的极限状态表现也许并不完美，但骨子里仍旧蕴藏着宝马所倡导的纯粹驾驶乐趣。

Mini Convertible，2004 年

Mini Convertible（软顶敞篷版）拥有全长织物顶篷，保留了四个独立座椅，在驾驶乐趣上毫不妥协，本真地延续了 Cooper 的设计理念。驾驶者只需按下按钮，Mini Convertible 的顶篷就能自动伸展或收折，甚至能像遮阳篷一样停在中间

位置。显然，Mini Convertible 并不是最实用的 Mini：它的行李舱盖与车身底部铰接，储物空间狭小；后排座椅很难让乘坐者舒展身体，视野也很糟糕。尽管如此，没有人能否认它的价值，因为时尚风格和驾驶乐趣才是它的价值所在。

Mini Traveller 系列概念车，2005—2006 年

通过引入新车型来壮大 Mini 家族是宝马由来已久的愿望，因此有关旅行版 Mini 的传言一直不绝于耳。自初代 Mini Clubman 开始，旅行版车型在 Mini 家族中就占有举足轻重的地位。方方正正的 Mini Traveller 系列传承了 Clubman 的经典设计元素——对开式行李舱盖。在法兰克福、东京、底特律和日内瓦这四个顶级国际车展上，Mini 设计师相继推出了 4 款拥有不同设计风格的 Traveller，它们都展现了面向 21 世纪的旅行车风貌，并且浓缩了众多工业创意：从强悍的装载能力，到精致的座椅和仪表，再到极富想象力的车门。Traveller 系列无疑再次证明了 Mini 品牌的无穷活力，以及敢于打破传统的进取精神。

Mini GP，2006 年

John Cooper Works（JCW）套件是全新 Mini 家族的重要卖点。随着 Cooper 和 Cooper S 的热销，2005 年，宝马首次为 Mini 家族在原厂配置中引入了 JCW 套件。该套件提供的动

力升级项目能将发动机最大输出功率提升至 200hp（149kW），然而，即使是这样的动力水平也无法与 Mini GP 相匹敌——后者的涡轮增压发动机最大输出功率可达 218hp（162kW）。Mini GP 的问世宣告了机械增压版 Cooper S 的寿终正寝，随后的 Cooper S 都开始搭载涡轮增压发动机。宝马委托博通公司（Bertone）在意大利组装 Mini GP。这款超级"小钢炮"采用了独特的金属灰涂装，为达到减重目标取消了后座和大部分隔声材料，最高车速可达 235km/h。Mini GP 的总产量只有 2000 辆，因此成为汽车收藏家们的"终极猎物"。

第二代 Mini 掀背版 / 硬顶版，2006 年

到 2006 年，Mini 掀背版（Hatch，在北美称 Hardtop/ 硬顶版）已经上市五年了，但它的造型看起来依旧时尚动人、活力无限——似乎没有人觉得它需要改变。因此，宝马在设计第二代 Mini 时非常谨慎，尽可能延续了第一代的设计思路，只是略微提高了腰线，拉长了车首，前照灯和车速表的尺寸都有所增大，后排和行李舱空间也有一定提升。第二代 Mini 的主要变化集中在机械部分，它换装了宝马与标致联合开发的新四缸发动机。此外，相较第一代上那台由丰田生产

的柴油机，第二代 Cooper D 的全新柴油机更受市场欢迎。

Mini Clubman，2007 年

Clubman 的轴距相较掀背版加长了 80mm，它是自 Convertible 诞生以来，Mini 家族迎来的又一款全新车型，采用了类似旅行车的造型，但又不乏亮眼的创意。Clubman 最具个性，但也最富争议性的设计元素，就是所谓的"俱乐部车门"——位于车身右侧的反向开启式后车门——便于乘客进入后座，但需要先打开同侧前车门。此外，它还采用了与初代如出一辙的对开式行李舱盖，同时增大了行李舱空间。

Mini Crossover 概念车，2008 年

2008 年的巴黎车展上，Mini 推出了四驱概念车 Crossover，这标志着 Mini 品牌即将再次迎来一位新成员。相较于车迷们熟悉的掀背版 Mini，Crossover 的车身更高、更宽，长度首次突破 4m 大关，能为四个成年人提供充足的驾乘空间。车门设计一向是 Mini 概念车的亮点——Crossover 的车门非常复杂，车身左侧是一扇滑动门，右侧是标准车门，行李舱盖是侧开式。Crossover 的内饰也相当新颖，有一条中央导轨贯穿前后，可以将不同的储物单元安装在导轨上，车速表采用了颠覆性的散发着神秘绿色光芒的球体造型。

Mini Coupe 和 Roadster 概念车 / 量产车，2009 年 /2011—2012 年

尽管紧凑型跑车的概念很惹眼，但 Mini 在 2009 年推出的比例怪异的概念跑车并不符合大多数人心目中的时尚双座

跑车形象。这款车的设计元素看起来比标准版 Mini 更丰富一些，它的车尾更短，风窗玻璃的倾角更大，还有夸张的下斜式车顶线条。最终，2011 年上市的 Coupe 采用了奇怪的"头盔式"车顶，而一年后现身的 Roadster 则拥有简洁的软顶和带有赛车条纹的车尾，相比之下更具吸引力。总体而言，Mini Coupe 和 Roadster 的市场表现都不尽如人意，因此并没有成为 Mini 家族的"固定成员"。

Mini Countryman，2010 年

2008 年的 Crossover 概念车在 2010 年走进现实——Mini 发布了 Countryman，正式进军方兴未艾的紧凑型跨界车市场。令人惊讶的是，Countryman 没有在牛津工厂投产，Mini 选择了奥地利的四驱专家麦格纳·斯太尔（Magna Steyr）作为合作生产方。除去侵略性的前脸造型和一些过于"狂野"的设计元素外，Countryman 几乎原汁原味地还原了 Crossover 的"味道"，像中央储物导轨这样的创意设计，都得以忠实保留。尽管很多人质疑它略显臃肿的造型和夸张的细节设计，但 Countryman 作为第一款真正意义上的四座 Mini，成功地将"Mini 风潮"引入了主流车型市场。包括拥有 218hp（163kW）最大输出功率的高性能版——Cooper S JCW 在内，Countryman 全系都取得了令人侧目的市场成绩。

Mini Paceman 概念车 / 量产车，2011 年 / 2012 年

2012 年问世的 Paceman 是 Mini 家族的第七位新成员。

在很多人看来，与 Coupe 和 Roadster 一样，Paceman 的存在似乎是毫无意义的——这更像一场排列组合式的"游戏"——借助 Countryman 的平台打造一款空间稍宽敞的三门掀背车。Paceman 拥有夸张的上提腰线和下斜车顶，由此造就了它别具一格的楔形车身侧面线条，以及低矮的 C 柱和后车窗。尽管在配置上毫不吝惜，但"Mini 魔法"最终没能在 Paceman 身上显灵。

Mini Rocketman 概念车，2011 年

底特律车展上发布的 Paceman 概念车多少有些令人失望，而随后到来的 Rocketman 赢得了舆论的一致好评——人们感受到真正的"Mini 设计"回归了。在安德斯·瓦明（Anders Warming）的领导下，Mini 设计团队准确把握了初代 Mini 的精髓，打造出一款具有出色空间利用率的超小型车——Rocketman，它只有 3.4m 长，比标准掀背版 Mini 短了 0.3m，较长的车门巧妙地铰接在车身上，行李舱盖由两部分组成：上半部分铰接在车顶上，下半部是一个可滑动的抽屉，行李舱内部拥有可观的装载空间，甚至能轻松容纳滑雪板。设计师为 Rocketman 的内饰引入了丰富的材质，并别出心裁地将"彩色提手"状尾灯安置在后轮拱上部。许多人都热切盼望 Rocketman 能早日量产，但遗憾的是，宝马始终认为这款概念车并不适合发展为量产车。

Mini Touring Superleggera 概念车，2014 年

Touring Superleggera 是 Mini 首次与其他设计公司合作，

专为 2014 年埃斯特庄园经典车展（Concorso d'eleganza Villa d'este）打造的一款纯电动概念跑车。Touring Superleggera 彻底打破了 Mini 的既往设计风格：与"潦草"的 Roadster 相比，它才真正称得上是一款纯粹的双座跑车。除标志性的圆形前照灯和"大嘴"式进气格栅外，你很难在 Touring Superleggera 身上找到所谓的"Mini 元素"。Touring Superleggera 圆润简洁的线条更像是经典的奥斯汀 - 希利（Austin-Healey）Frogeye Sprite "附体"——精致而优雅，它车尾的纵置鳍状扰流板和英国国旗式尾灯都极具辨识度。

第三代 Mini 掀背版 / 硬顶版，2014 年

与前代相比，第三代 Mini 的造型并没有发生太大变化，

但它实际上已经脱胎换骨——采用了宝马最新的 UKL 前驱平台。除强调性能的 Cooper S 和 Cooper SD 外，其余 Mini 家族成员都搭载了高效的模块化三缸发动机。外观方面，第三代 Mini 的发动机舱盖变得更长、更平直，前照灯尺寸变得更大，尾灯则显得更方正。2015 年面世的五门掀背版是 Mini 发展史上的又一个里程碑，其轴距相比标准版加长了 161mm——在很多人看来，它已经丧失了 Mini 的"经典比例"。

Mini Clubman 概念车 / 量产车，2014 年 /2015 年

不同于以视觉冲击力和夸张细节设计取胜的前辈，新一代 Clubman 的车身线条变得更加流畅平滑。你很容易就能看出它是一辆 Mini，但作为与大众高尔夫同级的家用车，它需要给人们留下更成熟、更具亲和力的印象，因此，熟悉的 Mini 元素在 Clubman 身上以一种全新的方式呈现出来：对开式行李舱盖上"镶嵌"着横置尾灯和时尚的金属握把，大号中置车速表演化为实用的中控显示器。Mini 已经长大了，Clubman 显然是一款保有一定驾驶乐趣的家用车，它不再为追求操控性而放弃实用性。最重要的是，新平台赋予了 Mini 全新的"性格特质"——兼顾舒适性的驾乘体验感。

第 17 章
世界上最好的汽车

20世纪70—80年代，劳斯莱斯和宾利（时为劳斯莱斯旗下品牌，译者注）的日子越来越不好过，随着市场价值的走低，两者在流行文化中的崇高地位也变得虚无缥缈。罗尔斯-罗伊斯航空发动机公司和维克斯防务集团都算不上称职的母公司——他们根本没有坚定的决心和充足的资金去重振劳斯莱斯和宾利的雄风，这导致两者在与唯一一个真正意义上的竞争对手——资源丰富的梅赛德斯-奔驰的较量中总显得萎靡不振。到了20世纪90年代，劳斯莱斯的管理层无奈地发现，为了在有限的预算下满足日益严苛的排放标准，他们只能向其他制造商采购动力总成。

作为罗尔斯-罗伊斯和维克斯的长期合作伙伴，宝马在劳斯莱斯汽车陷入困境时责无旁贷地走上了台前——经过协商，宝马将为计划于1998年上市的新一代劳斯莱斯银天使（Silver Seraph）和宾利雅致（Arnage）提供V12发动机和V8发动机。1997年，当维克斯正式将劳斯莱斯汽车摆上货架时，深耕多年的宝马认为自己胜券在握。然而，令人始料未及的是，竞购战打响后，半路杀出的大众公司提出了一个令维克斯的股东们不可能拒绝的报价——雄心勃勃的费迪南德·皮耶希成功导演了一出横刀夺爱的戏码。更加戏剧性的是，大众公司在交易协议达成后才恍然发现，劳斯莱斯的名称和双R商标还掌握在罗尔斯-罗伊斯公司手中，而后者显然与宝马走得更近。

僵持之下，两个收购方的掌舵者——皮耶希与毕睿德，在德国的一个高尔夫球场举行了一次闭门会议，最终敲定了劳斯莱斯和宾利的权益归属问题——两家曾叱咤车坛五十载的汽车品牌，就这样被"时代统治者"们秘密瓜分了：大众获得宾利品牌、劳斯莱斯的全球经销商网络以及克鲁工厂（Crewe）；宝马获得劳斯莱斯品牌，自2003年开始可以正式使用劳斯莱斯名称和双R商标，但并不包括任何与劳斯莱斯相关的有形资产。

于是，宝马面临着一项极其艰巨的任务：从一张白纸开始，打造出一款世界上最好的汽车，一款能真正满足世界各地超级富豪期待的劳斯莱斯。为此，宝马特意在伦敦的上流

住宅区——梅费尔（Mayfair）设立了一间秘密设计工作室，研究全球潜在客户的消费习惯和爱好。经过多次内部讨论，项目成员们达成了一致：对许多潜在客户而言，最具代表性的劳斯莱斯车型是活跃于20世纪50—60年代的银云（Silver Cloud）。在此基础上，宝马设计师们提炼出银云的标志性特征——高大优雅的整体造型、灵感源于帕特农神庙的进气格栅、凌厉的车身线条以及逐渐收窄的车尾，作为全新车型的重要设计元素。在小规模的非正式报告会上，宝马高层明确表示，"磅礴"的车身尺寸和"一览众山小"的驾乘姿态将成为劳斯莱斯重生的灵魂。

2003年1月，随着发布日的临近，越来越多的信息披露出来，这款劳斯莱斯全新车型将采用先进的全铝架构，搭载一台专属的全新发动机，至少在工程技术层面上完全有资格成为"世界上最好的汽车"（best car in the world）头衔的强力竞争者。然而，首席设计师伊恩·卡梅隆（Ian Cameron）提出的所谓古典美学风格此时依旧扑朔迷离。

幻影（Phantom，内部代号RR1），2003年

尽管种种迹象都表明劳斯莱斯全新车型将拥有极具震撼力的体量，但当幻影在1月1日最终现身时，它磅礴的气势仍然给见证者们带来了超出预期的冲击感。这款接近6m长的超豪华轿车威仪四方，正直不阿的进气格栅与方圆并济的前照灯组交相辉映，刚劲的车身线条在细节中流露着雅致。宝马成功了，无论在比弗利山庄（Beverly Hills）还是伯明翰（Birmingham），你都能在茫茫车海中一眼辨出幻影，情愿为它驻足不前。与视觉上的震撼相呼应的是宝马最先进的工程技术：全新V12发动机的最大输出功率达到453hp（324kW）；内饰设计和工艺都无可挑剔，处处散发着贵族气息；后铰接马车式车门能使车主或贵宾优雅、从容地进出；中控显示器

隐藏在一块自动翻转的木纹饰板背后；轮毂中央的双 R 标志能在行驶中始终保持正立；传统仪表板中的转速表被动力储备表所取代。

100EX，2004 年

在 2004 年日内瓦车展上亮相的 100EX 被劳斯莱斯自豪地称为试验车（experimental car），而其他制造商更可能给它贴上概念车的标签。100EX 无疑是一款出色的杰作，它犹如幻影的摩登敞篷版，周身散发着令人迷醉的芬芳。修长而优雅的车身使 100EX 相较幻影更多了几分亲和。除此之外，100EX 还有许多值得称道的创新设计：轻盈的铝质发动机舱盖经过表面抛光处理——从进气格栅一直延伸到风窗玻璃；与幻影如出一辙的后铰接马车式车门使进出动作从容而优雅；内饰独具匠心地引入了众多航海元素，例如精致的甲板风格柚木饰板；行李舱盖的下半部分可向下翻折，驻车时供人休憩乘坐。100EX 身上最令人怅惘的无疑是那台隐藏在巨大发动机舱盖下的 9L 排量 V16 发动机——但它遗憾地没能出现在量产车上。值得庆幸的是，除发动机外，三年后问世的幻影软顶敞篷版忠实地传承了 100EX 的大部分设计元素。

软顶敞篷幻影（Phantom Drophead Coupe），2007 年

曾有人猜测劳斯莱斯量产 100EX 时会重新启用 Corniche 这个名称，而 2007 年底特律车展上正式揭晓的量产版 100EX 名称——软顶敞篷幻影，似乎也在意料之中。"这款车并不是劳斯莱斯经典设计的正统代表。"劳斯莱斯董事长兼首席执行官伊恩·罗伯逊（Ian Robertson）评价道。无论伸展还是收折顶篷时，软顶敞篷幻影都拥有流畅的侧面线条。环绕着四个座椅的是极尽奢华的内装，包括匠心制作的实木饰板、真皮饰面、抛光金属件和丝绒地毯。100EX 的经典设计元素，例如马车式车门和甲板风格柚木饰板，在软顶敞篷幻影上都得以保留。此外，打开行李舱地板就能发现一个预

置的小冰箱和六个酒杯,而选装项中还包括华丽的鸡尾酒套装——你恐怕很难想象比这更美好的旅程了。

幻影 Coupe,2008 年

尽管在造型上与 100EX 和软顶敞篷幻影大同小异,但幻影 Coupe 对劳斯莱斯而言确实标志着一个微妙的转变——这款采用 V12 发动机和 6 档自动变速器的硬顶跑车在"以驾驶者为中心"上迈出了重要的一步:劳斯莱斯首次为变速器引入"运动模式",同时提高了螺旋弹簧和减振器的刚性,加强了防倾杆,为驾驶者带来更紧致、更灵敏的操控感受。劳斯莱斯首席设计师伊恩·卡梅隆说:"通过幻影 Coupe,我们想突显 V12 发动机的性能潜力,还有它能给驾驶者带来的酣畅淋漓的驾驶感受。尽管劳斯莱斯从来不是一个运动品牌,但我们有实力为驾驶者提供强劲而顺滑的动力体验,正如亨

利·莱斯爵士（Sir Henry Royce）所描述的那样，还伴随着浑厚悦耳的轰鸣声。"与软顶敞篷幻影一样，几乎每一位幻影Coupe的首批车主都选装了抛光发动机舱盖。此外，劳斯莱斯还提供了"星空顶"（Starlight Headliner）选装项，通过数千根细小的光导纤维在顶篷上模拟出绚烂的星空，力求为每位乘客都营造出流连忘返的浪漫午夜。

古斯特（Ghost，内部代号RR4），2009年

2009年夏天，相比幻影小一些的古斯特正式发布，它用更新潮、更具动感的方式诠释了劳斯莱斯的价值，它的道路行驶姿态更低、更平稳，视觉感受没有幻影那样庄重。与幻影Coupe一样，古斯特的帕特农神庙式进气格栅微向后倾，后车身造型变得更为轻盈、精致，但人们熟悉的劳斯莱斯标志性特征——反向开启的马车式后车门，并没有消失。此外，宽大的C柱为后排乘客提供了绝佳的私密性，而内饰的每一个细节依旧无与伦比。藏在古斯特发动机舱内的，是劳斯莱斯推出的全新双涡轮增压V12发动机，它拥有570hp（425kW）的最大输出功率，匹配八档自动变速器，采用后驱形式——这使古斯特成为当时动力性能最强的劳斯莱斯车型。在底盘方面，古斯特装备了先进的空气弹簧，具有主动防侧倾和升降功能，能为驾乘者滤除旅途中的几乎一切颠簸。更神奇的是，古斯特的主动悬架系统甚至能监测到后排乘客的位置移动，并做出相应的补偿，使车身保持平稳。

魅影（Wraith），2013年

采用溜背式造型的魅影，流露着独特的运动气息，它是劳斯莱斯在"驾驶者之车"道路上的又一次尝试。魅影的长度和高度相比幻影Coupe大幅减小，它身姿轻盈灵动，就连内饰氛围也动感十足：车门和仪表板上没有了沉稳的真皮和黑色伯尔胡桃木（burr walnut）装饰，取而代之的是干练的直纹实木饰板，这使魅影看起来更像一艘私人游艇，而不是"烟雾缭绕"的绅士俱乐部；中控台上出现了一个精致的水晶旋钮，用于控制劳斯莱斯版的宝马iDrive系统。与此同时，劳斯莱斯仍然在魅影身上固守着一些传统：八档自动变速器没有手动模式，而且延续了怀档设计；仪表板上依旧只有动力储备表，而没有转速表。更重要的是，魅影的V12发动机

拥有632hp（471kW）的最大输出功率和800N·m的最大转矩，这是劳斯莱斯车型从未企及的性能高度。魅影的控制系统能通过卫星导航数据来预测路况，进而智能地实时切换变速器档位。

曜影（Dawn），2015年

曜影是劳斯莱斯对"超豪华敞篷跑车"命题的再次挑战，它比幻影更低矮、更时尚，但仍能轻松容纳四位成年人——这无疑令那些表面采用2+2布局，实际空间体验却十分尴尬的竞争对手相形见绌。设计师贾尔斯·泰勒（Giles Taylor）用柔和的设计语言突出了流畅的车身曲线，车首和车尾的变化最为显著。顶篷展开时，陡斜的车顶曲线勾勒出低矮动感的车身轮廓。曜影的顶篷完美融合了先进工程技术与高超工艺，"French seam"无缝缝合工艺极大降低了风噪，实现了不输硬顶跑车的精致感。此外，超乎想象的奢华配置使驾乘曜影成为一种极致享受。相较魅影，曜影的双涡轮增压V12发动机动力更显"温婉"，给人以更加轻松舒缓的驾驶体验感。

库里南（Cullinan），2018年及未来

2015年2月，劳斯莱斯董事长兼首席执行官托尔斯滕·米勒-厄特沃什（Torsten Müller-Ötvös）发表了一封有关全新车型项目的不同寻常的公开信。信中，米勒-厄特沃什证实，

劳斯莱斯正在开发一款全新车型,它拥有"过人的风度、优雅的气质和非凡的意义"。此外,米勒-厄特沃什还写道,这款全新车型的奢华体验将不逊于任何既往车型,同时拥有穿越各种地形的能力,它将是一款采用创新性全铝架构的"高车身"车型——换言之,它将是一款SUV,不过信中没有透露任何有关动态性能或实用性的信息。不久后,劳斯莱斯公布了全新车型项目的正式代号——库里南(Cullinan),并透露公司正在研发一型四驱系统,它能使车辆在包括越野路况的全路况下为驾乘者提供卓越的舒适性。次年1月,劳斯莱斯宣布开始对全新的全铝车身架构进行道路测试,自2018年初开始入市的所有劳斯莱斯量产车型都将采用这一架构。在公开信的结尾,米勒-厄特沃什引用了劳斯莱斯创始人亨利·莱斯爵士的一句名言:"创造未知"(When it doesn't exist, design it)。

第 18 章

勇往直前

无论以何种标准衡量，宝马在 2005—2006 年推进的转型策略都堪称业界典范。斩断与罗孚的一切关系后，宝马已经连续三年蝉联豪华汽车品牌全球销量冠军，而它的老对手——梅赛德斯-奔驰，则正在手忙脚乱地挽救自己的形象——主力车型 E 级曝出了电气系统缺陷。2005 年，全新 1 系、X3 和全新 3 系推动着宝马的整体销量增长了 10%。汇率市场的波动和原材料成本的高企重创了多家汽车制造商，但宝马幸运地几乎毫发未损，还顺利与标致-雪铁龙集团（PSA）签订了发动机合作协议，大幅降低了动力总成的研发和生产成本。Z4 和 X6 等至关重要的新车型即将面世，取得傲人成绩的全新 Mini 迎来了产能扩张——蓝天白云标志正勇往直前。

2006 年的伦敦车展上，即将卸任的宝马首席执行官（CEO）赫尔穆特·潘克（Helmut Panke）预测，宝马将长期维持 5%~7% 的年销量增长率。由于 2007 年已经接近完成 2008 年年销 140 万辆的目标，宝马将 2010 年的年销目标进一步提高到 160 万辆。遗憾的是，这一目标并没能如期实现，因为 2008—2009 年的全球金融危机严重影响了宝马的计划。在外界看来，让精力充沛且雷厉风行的潘克在 60 岁的法定年龄退休多少有些"残酷"——他无法留在董事会中欣赏自己呕心创造的一件件杰作、强大的产能和雄厚的现金流。

▲ 2006 年宝马发展势头正盛，诺贝特·赖特霍费尔在接任董事长和首席执行官后，计划进一步扩大产品线规模，但他同时也做好了应对危机的准备

◀ 2007 年亮相的概念车 CS 预示了宝马的全新设计语言

▲ 宝马推出 Efficient Dynamics 技术无疑是明智之举，它在降低能耗的同时充分保留了驾驶乐趣

不过，以今天的视角看来，宝马监事会 2006 年将董事长权杖交给时任生产主管的诺贝特·赖特霍费尔（Norbert Reithofer）无疑是明智之举。在全球金融危机的阴霾下，凭借对生产流程和产品的深入了解，赖特霍费尔主导开启了一场影响深远的生产模式改革，确立了一套弹性管理体系：为每位员工设置"工作时间账户"（working-time accounts），确保生产线时刻处于满负荷运转状态，同时避免短期裁员。配合灵活的市场策略，这套管理体系帮助宝马平稳地渡过了危机。

面对大宗商品交易市场的遇冷，以及美元、日元等主要国际结算货币的不利走势，赖特霍费尔将目光转向了极具潜力的中国市场，针对中国消费者特别打造了长轴距版 5 系。在 2006 年的第三季度宝马财报会上，赖特霍费尔首次以董事长身份发言，他谨慎地预言 2007 年将有一个"节奏较慢"的开局，因为三门版 1 系和第四代双门版 M3 等重磅车型都要到第二季度才能发布。此外，赖特霍费尔对宝马即将推出的 Efficient Dynamics（高效动力）技术也表达了相对保守的态度——实际上，这项实现了动态性能与节能减排高效统一的技术，不仅使宝马在新千年伫立潮头，还深刻影响了产业技术开发理念。

赖特霍费尔说："在我们看来，宝马未来的主要目标依然是提供相对其他品牌更出色的性能表现，追求纯粹驾驶乐趣与合理利用自然资源之间并不存在冲突。Efficient Dynamics 技术正（引领我们）向这个目标迈进，你看，这就是宝马对未来的思考。"

Efficient Dynamics 技术的核心是电子控制：当车辆加速时，系统会断开发动机与发电机和空调压缩机间的连接，以避免不必要的动力消耗；当车辆减速时，系统会重新连接各发动机附件，以辅助制动。众多汽车制造商的工程师和产品经理都对 Efficient Dynamics 技术赞赏有加，同时也为自己的"后知后觉"而懊恼。

事实证明，无论是恰逢其时还是深谋远虑，宝马此时推出 Efficient Dynamics 技术都可谓"妙笔生花"：在原油价格持续攀升的背景下，基于碳排放量的车辆税收政策引发了激烈的社会讨论。多数汽车制造商匆忙应对，推出了一些华而不实的节油技术。而宝马厚积薄发，到年底，包含1系在内的宝马全系车型都搭载了Efficient Dynamics技术，在节能减排与动态性能的平衡上遥遥领先于竞争对手。

正当Efficient Dynamics技术在欧洲大陆左右逢源时，宝马出人意料地在2007年的上海国际车展上发布了极尽奢华的CS概念车——这表明身为国际化品牌的宝马正凭借敏锐的嗅觉大力拓展新兴市场——而中国正是其中的典型代表。鉴于很多高端消费者所期待的不再是威严刻板的大型豪华轿车，而是时尚跃动的四门轿跑车，宝马为CS塑造了优雅而动感的全新豪华形象——此后几年纷至沓来的奥迪各式Sportback车型和保时捷Panamera也是对这一需求趋势的有力佐证。

宝马高层曾暗示，CS概念车就是即将破茧而出的Gran Turismo系列的雏形，而这一车系将可能成为宝马的新旗舰——显然，宝马对进一步开拓高端市场抱有极大的热情和乐观的态度。然而仅仅十八个月后，当雷曼兄弟银行（Lehman Brothers'bank）在瑟瑟秋风中宣告破产时，面对着席卷而来的全球金融危机，宝马不得不做出取消CS量产计划的决定。

2007年夏初的宝马第二季度财报波澜不惊，但赖特霍费尔首次提出的"第一战略"（Strategy Number One）引起了业界的广泛关注，也令公司上下为之一振。同年9月成型的战略评估报告揭示了宝马的远景目标——树立"全球领先的个人出行领域高端产品及服务提供商"地位。在瞬息万变的汽车产业，战略规划通常力求弹性务实，而宝马长达13年的规划范畴显然与此背道而驰：2012年实现8%~10%的利润率，2020年实现200万辆的年销量。为实现这些远景目标，赖特霍费尔表示宝马将在未来五年内投资60亿欧元，用于提高产能和生产效率。

2007年9月的法兰克福车展上，宝马推出了Mini Clubman和全新6系——前者是一款小型旅行车，采用了非同寻常的车门形式，而后者是世界上首款搭载柴油机的豪华运动轿车，同时采用了Efficient Dynamics技术。赖特霍费尔表示，接下来，紧凑型SUV——X1、运动型多功能轿跑车

宝马 第二代X5（E70），2006—2013年；第三代X5（F15），2013—2018年

动感十足的第二代X5（E70）于2006年问世，与轿车相仿的操控特性使它取得了远超宝马预期的市场表现。相较前代车型，第二代X5的车身尺寸明显增大，可选装第三排座椅，彻底与面向中型SUV市场的X3划清了界限。它搭载了消费者们熟悉的直列六缸汽油/柴油发动机，以及强大的V8发动机。第三代X5（F15）于2013年问世，它比第二代车型更轻盈，配置更丰富，首次提供四缸发动机车型和后驱车型。

2006年：第二代X5问世，配备全新xDrive四驱系统，可选装第三排座椅。

2009年：搭载555hp（414kW）5.0L双涡轮增压V8发动机的第一代X5M问世。

2010年：经中期改款，发动机升级，匹配八档自动变速器。

2013年：第三代X5问世，产品线包括搭载四缸柴油发动机的后驱车型，以及搭载全新六缸/八缸发动机，配备xDrive四驱系统的车型。X5 eDrive概念车在法兰克福展上亮相，其插电式混合动力系统包括一台双涡轮增压四缸汽油发动机和一台113hp（84kW）电机。

2014年：第二代X5M问世，搭载4.4L排量TwinPower Turbo双涡轮增压V8发动机，输出功率可达575hp（429kW），是宝马有史以来动力性能最强的四驱车型。

2015年：宝马首款量产混合动力车型X5 xDrive40e问世，搭载由2.0L汽油发动机和电机组成的混合动力系统，总输出功率为313hp（233kW），纯电续驶里程为60km，综合二氧化碳排放量为77g/km。

在上海车展发布概念车CS，展现了宝马对中国市场的高度重视。奢华且精致的CS曾被认为是全新8系的预演，但其量产计划最终因全球金融危机而流产

（SAC）——X6，以及 Mini 家族的 SUV 成员——Countryman 都将如约而至。

与此同时，宝马收购了富世华（Husqvarna）——著名的瑞典摩托车品牌，开始在意大利生产越野摩托车。赖特霍费尔甚至表示自己对继续收购或创建旗下第四个汽车品牌持开放态度。随后，宝马提出了颇具科幻意味的"i 项目"（Project i）——2011 年，这一项目正式演变为宝马的第四个品牌——i，它代表了创新型工厂、全新产品思维模式，以及新能源汽车与可持续交通之间的和谐关系。

经过战略评估后，宝马削减了新车型计划，取而代之的是更多的"幕后行动"。2008 年 3 月，宝马秘密成立了 i 项目组，同时启动了首个面向未来的新能源研发项目——Mini E，这款纯电动 Mini 将经历大量测试，而它唯一的先天性缺陷也许是动力电池组完全占据了后座空间。除此之外，宝马在 2008 年发布的传统燃油汽车仅有 X6 和第五代 7 系两款——前者作为"运动型多功能轿跑车"（SAC）理念的首位"践行者"引起了不小的争议，而后者的设计风格相较极具冲击力的前代车型大为缓和。不过，就在雷曼兄弟银行破产后不久，一切都发生了变化。

接受本书作者采访时，在金融危机前一年加入宝马董事会、负责全球销售和市场的伊恩·罗伯逊（Ian Robertson）清楚地回忆了当时的情况：

"首先，这次金融危机让所有行业的人都深感意外，整个世界似乎都在向消极的方向发展。宝马有一定优势，因为我们一年前就完成了远期战略规划。当然，我们考虑到了各种各样的不利情况，金融市场的波动就是其中之一。我们提前制定了应对某些情况的方案，而我们做的最重要的事，就是剖析复杂市场环境的成因，并做出快速反应。

▲ 2007 年问世的 Clubman 是 Mini 家族的首位全新成员，它拥有新颖的对开式行李舱盖和"俱乐部"风格车门

Mini E 纯电动试验车为宝马积累了宝贵的经验，也预示了蓄势待发的 i 项目 ❯

▲ 宝马 X6 开创了"运动型多功能轿跑车"(SAC)这一全新细分市场

 宝马　第一代 X6（E71），2008—2014 年；第二代 X6（F16），2014—2019 年

2008 年初，第一代 X6 的首次亮相引起了业界的轰动，它开创了全新的细分市场——"运动型多功能轿跑车"（Sport Activity Coupe，SAC），面向那些同时追求较高驾驶姿态和跑车般操控性能的个性化买家。尽管与 X5 共享平台和动力总成，但 X6 的车身更低矮，车尾采用溜背设计，以宽轮拱和大尺寸轮胎营造出浓郁的运动氛围。X6 是宝马历史上首个全面搭载涡轮增压发动机的车系。

2007 年：X6 概念车在法兰克福车展上亮相。
2008 年：第一代 X6 问世，包括 3 款六缸发动机车型，以及搭载 408hp（304kW）4.4L 双涡轮增压 V8 发动机的 xDrive50i。全系采用 xDrive 全时四驱系统、Efficient Dynamics 技术，可通过动态驱动力分配系统（Dynamic Performance Control，DPC）实现前后轴和左右轮间的转矩分配。
2009 年：第一代 X6M 问世，搭载 555hp（414kW）4.4L 排量 V8 发动机，底盘离地间隙减小，变速器和动态驱动力分配系统重新标定，动态表现提升。X6 ActiveHybrid 概念车问世，搭载 V8 发动机，匹配与通用和戴姆勒联合开发的双模变速器。
2014 年：第二代 X6 问世。
2015 年：第二代 X6M 问世，发动机输出功率为 575hp（429kW），无电子限速最高行驶速度可达 280km/h。

我清楚记得 2008 年 10 月巴黎车展上和赖特霍费尔的谈话。当时，我正用黑莓手机查看 9 月的行业数据，-30%、-35%、-40%——似乎大家都是这种状况。我对赖特霍费尔说'有些情况很严重，尽管我不确定它会如何发展，但我们需要重新审视未来的计划。'接下来三周里，我们所做的决定很大程度上是为了保住自己的市场地位。我们决定把圣诞节前的计划产量减少到 78000 辆。我记得我们在董事会上进行了一场严肃的讨论。

我们修改了计划表，供应商们也都做好了准备。在一场艰难的辩论后，我们决定这样做。

那一年，我们的现金流比竞争对手充足得多。这并不是因为我们预料到整体经济情况会变得如此糟糕，而是因为我们看到一些变化后做出了快速反应，做出了很多大胆的决定。"

对宝马而言，还有一个重要的利好因素：21 世纪初，宝马创立了一套弹性生产管理体系，能灵活提高或降低产能。

宝马　第五代 7 系（F01/F02），2008—2015 年

首席设计师卡里姆·哈比卜领导设计的第五代 7 系拥有相比历代车型更流畅的车身造型，其尾部线条更柔和，中控台偏向驾驶者，回归早期风格。为满足行人安全法规要求，第五代 7 系的发动机舱盖折线隆起幅度提高，双肾形进气格栅增大，前照灯组相对保险杠后移。第五代 7 系采用全新底盘和双叉臂式前悬架，后悬架标配空气弹簧，搭载可随速调节后轮转角的整体式主动转向系统（Integral Active Steering）。全系引入 Efficient Dynamics 技术，匹配六档自动变速器。此外，第五代 7 系的 iDrive 系统得到了升级，并首次配备红外夜视系统（Night Vision）。

2008 年：在巴黎车展上首次亮相，提供直列六缸汽油/柴油发动机。750i 搭载新型双涡轮增压 V8 发动机，其涡轮位于两组气缸之间，在提高结构紧凑性的同时有利于预热。提供长轴距版（F02）。ActiveHybrid 7 概念车问世，搭载以 V8 发动机为基础的混合动力系统，电机集成在八档自动变速器中。

2009 年：760i 和 760Li 问世，搭载全新双涡轮增压全铝 V12 发动机，输出功率为 544hp（406kW），匹配八档自动变速器。740d（306hp/228kW）问世。750i 和 750Li 可选装 xDrive 四驱系统。

2010 年：配备升级版红外夜视系统、车载互联网（能为卫星导航系统提供实时路况信息）和抬头显示器（HUD）。

2012 年：全系匹配八档自动变速器。搭载以 3.0L 六缸发动机为基础的混合动力系统的 ActiveHybrid 7 问世，其二氧化碳排放量为 158g/km。

在金融危机中，没有什么比陷入产能过剩-库存积压-固定成本激增的死循环中更糟的了。罗伯逊解释说："我们能相对简单地通过控制员工的'工作时间账户'来降低产能，这其实是一个困难的决定，因为尽管我们在生产上有足够的灵活性，但没人真的想降低产能。当然，（灵活调整产能）意味着我们能在很大程度上避免库存积压和现金流问题。"

接下来几个月的经济数据表明，全球汽车市场已经愈发萧条。2009年第一季度，宝马的营业额降低了13%，整个集团的新车交付量下跌了21%，而实际产量的下降幅度更大——为尽可能减少库存，宝马一直将产量控制在订单量以下。

2009年5月，欧洲汽车销量同比锐减14%，但赖特霍费尔仍旧对未来保持乐观态度。他指出，宝马拥有雄厚的现金流，而且依然是全球领先的豪华品牌。此时，宝马终于在美国市场击败了雷克萨斯和梅赛德斯-奔驰。赖特霍费尔表示，宝马将继续投资产能几乎翻番的斯帕坦堡工厂，而X1、5系GT和全新Z4跑车的陆续推出也将有助于吸引新客户。

2009年的财报证明了宝马在策略制定上的智慧：尽管新车销量降低了10.4%，汽车业务也确实处于亏损状态，但整个集团仍然保持着昂扬向上的趋势，按约向股东支付了股息。相比之下，梅赛德斯-奔驰的股价下跌了超过15%，市值损失高达26亿欧元，对公司的发展构成了显著影响。

尽管全球汽车市场的前景仍不明朗，但全新的投资方案和即将推出的新车型照亮了宝马的前路。9月的法兰克福车展上，在接受英国《金融时报》采访时，赖特霍费尔明确拒绝了"宝马可能需要与其他制造商携手共渡难关"的建议，他说道："集团规模并不是唯一的要素，我认为，我们塑造豪华品牌制造商形象的战略是完全正确的，不能把豪华品牌与平民品牌混为一谈。"

在赖特霍费尔看来，即使可能获得更多的市场份额，宝马也不会选择与平民品牌联手渡过危机——曾经的罗孚收购案就是前车之鉴。赖特霍费尔认为，全球汽车市场将在2010年迎来复苏，他"百分百确信"市场对豪华品牌的需求将会重归金融危机前的水平。

更重要的是，宝马在法兰克福车展上发布的新车型确实

▲ 宝马销售总监伊恩·罗伯逊（上图）和首席执行官诺贝特·赖特霍费尔很快就察觉到全球汽车销量下滑的迹象

令人倍感兴奋。最引人注目的无疑是概念车Vision Efficient Dynamics——i8跑车的雏形，它拥有扁平的造型、复杂的空气动力学线条，以及代表电驱动形式的电蓝色装饰，犹如来自未来的产品。从工程技术角度审视，Vision Efficient Dynamics的动力总成极具前瞻性：1.5L三缸汽油机与电机、动力电池组成的插电式混合动力系统拥有出色的动力性能和燃油经济性——对2009年的观众而言，这似乎是无法抗拒的诱惑。

相比之下，宝马同期推出的量产车就有些乏善可陈。从商业层面看，打入紧凑型SUV市场的X1是一款重量级产品，但与既有产品，尤其是已经取得成功的X3相比，它又显得了无新意。2008年刚刚上市的5系GT基于7系平台

△ 第五代 7 系（F01）于 2008 年首次亮相，它的车身造型和内饰都趋于柔和，回归了往昔的内敛风格 ❯

❮ 卡里姆·哈比卜是第五代 7 系的车身造型设计师，他在 2012—2017 年间担任宝马设计总监

打造，它似乎完成了宝马自己提出的"将旅行车、豪华轿车等属性融合到一辆车上"的任务，但又差强人意。在工程技术层面，7系换装了由采埃孚（ZF）提供的全新八档自动变速器——它成功挑起了一场变速器"档位数大战"，而这场"战争"的影响也是显而易见的——在如今的民用车市场中，采用九档甚至十档变速器已经稀松平常。

2010年5月的宝马股东大会上，赖特霍费尔慷慨陈词："我们为 Efficient Dynamics 塑造了一个令人兴奋的形象——可持续交通理念催生的产品能提供不逊于传统产品的驾驶乐趣。我们找来了最好的设计师和工程师，开发出最优秀的产品。"凭借 Efficient Dynamics 技术所带来的碳排放优势，宝马顺利成为2012年伦敦奥运会官方出行合作伙伴——这也是赖特霍费尔的信心之源。集团的所有业务指标都开始朝着积极的方向发展：第一季度销售额增长了14%，新一代5系（F10）广受好评，全新 Mini Countryman 大获成功。

相较班戈时代的5系（E60），新一代5系抛弃了复杂的设计，同时大量采用了7系的新技术，例如四轮转向和八档自动变速器。与此同时，宝马全面转向基于平台化理念的研发模式——2015年面世的第六代7系将率先采用更为完善的35-up平台。

这一切都是为了推动宝马、劳斯莱斯和 Mini 品牌继续前行。对产品开发和生产模式的不断优化，使宝马恢复了往昔活力，再次进入全速运转状态。得益于K1300系列上那台升级版直列四缸发动机所赢得的良好口碑，宝马的摩托车销量也增长了近17%。此外，宝马宣布将进一步扩建中国和美国工厂。随着X3的生产线由奥地利转移至斯帕坦堡工厂，美国正式成为宝马的"X中心"。

然而，此时占据各大媒体头条的却是另外两则声明：宝

▲ 宝马 i3 于 2013 年正式投产，此前它曾几度以概念车身份亮相

▽ 2009 款 Vision Efficient Dynamics 概念车标志着跑车迈入了精致且环保的新时代

▲ 宝马 5 系 GT 融轿车、旅行车和 MPV 的功能性于一身

 宝马　第一代 X1（E84），2009—2015 年；第二代 X1（F48），2015 年至今

　　2008 年巴黎车展上，作为宝马旗下首款紧凑型 SUV，概念版 X1 正式发布，它已经非常接近量产状态。次年秋季的法兰克福车展上，与概念版几乎分毫不差的量产版 X1 首发登场。X1 基于 1 系平台打造，提供三型汽油发动机和三型柴油发动机，可选后驱形式（sDrive）或四驱形式（xDrive）。X1 全系引入了 Efficient Dynamics 技术，是第一款配备发动机自动起停系统的"X"家族成员。2015 年，采用全新前驱平台的第二代 X1 问世。

2008 年：概念版在巴黎车展上发布，其造型与 X3 相仿，车身长度较后者缩短了 100mm。
2009 年：量产版在法兰克福车展上亮相，提供三型 2.0L/3.0L 汽油发动机和三型 2.0L 柴油发动机。
2010 年：X1 xDrive23d 问世。
2011 年：采用 Efficient Dynamics 技术的 X1 xDrive20d 问世，它是当时宝马"X"家族中最节能的车型，二氧化碳排放量为 119g/km。
2012 年：车身造型和内饰经修改，可选配八档自动变速器。
2015 年：车系停产，全球总销量 73 万辆。与 2 系共享全新前驱平台的第二代 X1（F48）上市，全系搭载横置 2.0L 四缸发动机。xDrive20i 搭载 192hp（143kW）汽油发动机，匹配八档自动变速器。柴油发动机提供 231hp（172kW）、190hp（142kW）和 150hp（112kW）三个版本，150hp 版仅与 sDrive 前驱车型搭配。全系采用 Efficient Dynamics 技术、iDrive 系统、车载卫星导航系统和自动启闭行李舱盖。

马将与标致 - 雪铁龙集团在前驱混合动力技术方面开展合作；宝马确定将开发一型前驱平台，用于新一代 Mini 和 3 系以下级别的宝马车型。对此，行业评论员和汽车媒体表达了与很多宝马迷们相同的疑虑，在他们看来，前驱平台会抹杀宝马在紧凑级市场的优势，使蓝天白云标志丧失独有的魅力。作为对质疑声的回应，赖特霍费尔特别公布了一项针对 1 系车主的调查结果，他说："我们征询过 1 系车主的意见，试图了解后驱对他们的宝马车来说是否重要。绝大多数车主表示，他们根本不关心自己的车是前驱还是后驱，只要是宝马就行。客户信任我们，这才是最重要的。"

利润和业绩压力

　　尽管一连串创纪录的业绩数据证明了集团已经安然渡过金融危机，但投资界对宝马的利润率依旧不满，因为此时保时捷的市场表现也愈发活跃，而新晋竞争对手奥迪正以令人惊叹的速度迎头赶上。为此，宝马在优化生产流程和提高生产效率方面做出了很大努力，例如简化生产中的繁琐项目，提高动力总成的通用性，降低复杂传动系统的成本等。一切

▲ 宝马为2012年伦敦奥运会提供了一系列低排放服务车

▽ 2010年，Mini家族迎来了新成员Countryman，它是第一款四驱Mini，由奥地利的麦格纳·斯太尔工厂生产

业绩的成长都源于宝马所追求的高水平研发与持续投入——这在危急关头更显价值。

2011年7月，宝马将全年销量目标提高到160万辆，而2012年1月公布的2011年最终销量是166.9万辆——这是宝马品牌诞生以来取得的最好成绩。同期，老对手梅赛德斯-奔驰的成绩是136万辆（含Smart），奥迪则以130万辆的成绩紧随其后。罗伯逊对X3、X1以及新一代5系的市场表现十分满意，同时对即将面世的新一代3系满怀希望。

面对宝马的强劲势头，梅赛德斯-奔驰在2012年日内瓦车展上发布了与宝马1系针锋相对的全新A级，首席执行官迪特·蔡澈（Dieter Zetsche）甚至毫不客气地宣称A代表着Attack（出击）。早些时候，蔡澈宣布了一项前所未有的宏大产品规划：2020年前，梅赛德斯-奔驰将陆续推

▲ 六代 3 系轿车同堂，由上至下：第六代（F30，2012 年）、第五代（E90，2004 年）、第四代（E46，1998 年）、第三代（E36，1990 年）、第二代（E30，1982 年）和第一代（E21，1975 年）

宝马　第六代 5 系（F10/F11），2009—2017 年

2010 年，已经连续四年蝉联中型车市场销量冠军，并且在全球范围内拥有一批忠实追随者的 5 系，迎来了新旧更迭。第六代 5 系大量借鉴了 7 系（F01）的工程理念和设计元素。全系最初提供四缸柴油发动机（518d 和 520d）、双涡轮增压柴油发动机和六缸汽油发动机，V8 发动机专属于 M5。5 系 GT（Gran Turismo）实际上并非 5 系的衍生型，它基于 7 系的 CLAR 平台打造，是一款五门运动型多功能轿跑车，发布时间早于 5 系轿车。

2009 年：5 系 GT（F07）问世，提供 3.0L 柴油/汽油发动机，407hp（303kW）V8 汽油发动机，匹配八档自动变速器。
2010 年：长轴距版 5 系轿车问世，面向中国市场。
2010 年：旅行版（F11）问世。535d（299hp/223kW）和 525d（204hp/152kW）问世。
2012 年：M5 问世，搭载 560hp（418kW）4.4L 双涡轮增压 V8 发动机，匹配可选换档逻辑（DriveLogic）的七档 M 双离合变速器，配装全新 Active M 差速器。采用 Efficient Dynamics 技术的 520d 问世，发动机输出功率为 184hp（137kW），二氧化碳排放量为 119g/km。
2012 年：ActiveHybrid 5 问世，搭载由 3.0L 汽油发动机和 54hp（40kW）电机组成的混合动力系统，限量销售。
2014 年：竞技套件版 M5 问世，发动机输出功率为 575hp（429kW）。
2014 年：三十周年纪念版 M5 问世，发动机输出功率可达 600hp（447kW），限量生产 300 辆。

宝马　第三代 6 系（F06/F12/F13），2010—2018 年

相较前代车型，第三代 6 系的车身比例进一步优化，圆润的双肾形进气格栅和后掠式前照灯，通过笔直的高腰线与传统风格车尾交联，勾勒出优雅动人的身姿。第三代 6 系依然与 5 系共享平台，双涡轮增压发动机则源于 7 系。不同以往的是，宝马率先发布了敞篷版 6 系。令人耳目一新的 Gran Coupe 版（即 2+2 布局四门轿跑版）于 2012 年加入产品线。

2010 年：敞篷版（F12）问世，配装独特的鳍状软顶，采用 Efficient Dynamics 技术，可选装 320hp（239kW）涡轮增压直列六缸发动机（640i）或 407hp（303kW）涡轮增压 V8 发动机，标配八档自动变速器。

2011 年：硬顶版问世。搭载 313hp（233kW）柴油发动机的 640d 问世。

2012 年：M6 问世，包含敞篷版和硬顶版，搭载 560hp（418kW）双涡轮增压 V8 发动机，0-100km/h 加速仅需 4.2 秒，标配七档 M 双离合变速器和 Active M 差速器，可选装 M 碳陶制动盘。

2012 年：Gran Coupe 版问世，轴距加长 113mm，配备无框式车门，650i 搭载配装 Valvetronic 的 V8 发动机，输出功率为 450hp（336kW）。

2013 年：M6 Gran Coupe 问世。

2014 年：竞技套件版 M6 问世，搭载与竞技套件版 M5 相同的 V8 发动机，输出功率为 575hp（429kW），是当时宝马加速性能最强的量产车，0-100km/h 加速仅需 4.1 秒。

2015 年：经中期改款，配装动态减振控制系统（Dynamic Damper Control，DDC）、整体式主动转向系统（含后轮转向）和主动防侧倾系统（Active Drive Roll stabilization）。

▲ 第六代 5 系的造型风格趋于温和，其多项设计元素沿用到 2012 款 3 系上

出 10 个全新车系。他还公开了 2020 年的业绩目标：销量达到 200 万辆，利润率达到 10%，进一步巩固在豪华品牌市场的领先地位。与此同时，奥迪也加入"战斗"，宣称要在 2020 年达到年产 200 万辆的目标，并成为销量第一的豪华汽车品牌。

《欧洲汽车新闻》（Automotive News Europe）2013 年 4 月的报道显示，宝马的确是豪华品牌市场的销量冠军，但如果依据 ARPU（Average Revenue Per User，单车平均收入）来衡量，则是梅赛德斯-奔驰领先——金融分析师常用这种方式来比较不同品牌的"豪华程度"。根据巴克莱股票研究所（Barclays Equity Research）的调研，2012 年，梅赛德斯-奔驰每辆车的平均收入是 45800 欧元。对此，《欧洲汽车新闻》写道："这一结果令人印象深刻，尽管梅赛德斯-奔驰的单车平均收入被相对'廉价'的 Smart 拉低了，但还是比宝马的

▲ 戴姆勒首席执行官迪特·蔡澈（Dieter Zetsche）在2012年日内瓦车展上"火力全开"，他直截了当地表示新一代A级（W176）将向宝马1系发起进攻

宝马 第二代1系（F20），2011—2019年

车迷们担心的事情并没有发生，第二代1系延续了前代车型的后驱形式，它仍然在同级产品中鹤立鸡群。第二代1系的车身造型忠实于"视觉重心后置"原则，新式双肾形进气格栅与发动机舱盖完美结合，营造出更宽的视觉效果，车尾保留了前代的棱角，但尾灯造型更加方正。此外，第二代1系的车身尺寸明显增大，后座和行李舱空间都得到改善，内饰质感显著提升，配置也更加丰富。

2011年：在法兰克福车展上首次亮相，车型包括搭载汽油发动机的116i、118i和120i，以及搭载柴油发动机的120d等，匹配六档手动变速器或八档自动变速器。

2012年：116d Efficient Dynamics、125d和125i问世，后两者输出功率均为218hp（163kW）。116d ED是宝马有史以来燃油经济性最好的量产车，二氧化碳排放量为99g/km。三门版（F21）和M135i问世。

2012年：入门车型114i问世。114d运动版问世，搭载1.6L柴油发动机，输出功率95hp（71kW），二氧化碳排放量112g/km。120d和M135i可选装xDrive四驱系统。

2013年：第一代1系的双门轿跑版和敞篷版（E82/88）停产。

2014年：第二代1系的双门轿跑版（F22）和敞篷版（F23）更名为2系。

2015年：经中期改款，双肾形进气格栅增大，配装LED尾灯，可选装LED前照灯，标配车载卫星导航系统。换装新型涡轮增压汽油发动机，最大输出功率为326hp（243kW，M135i）。提供五型柴油发动机，包括116d搭载的1.5L三缸发动机，输出功率为116hp（87kW），二氧化碳排放量为94g/km，最节能的Efficient Dynamics Plus版116d的二氧化碳排放量仅为89g/km。自动档车型增加空档滑行功能，可进一步节省燃油。

41350欧元和奥迪的37500欧元高出不少。"

在中国市场需求大幅提高的激励下，赖特霍费尔宣布了一系列创纪录的季度业绩，并将2020年销售200万辆的目标提前到2016年。实际上，这一目标到2014年就达成了。宝马随即开始雄心勃勃地扩张产品线——基于新一代3系（F30）推出一系列衍生车型。在接下来的几年中，这项扩张计划催生了一批令人眼花缭乱的新车型。新一代3系的造型更趋近5系，甚至连轴距都相差不大，整个车系包含三种车型：轿车、旅行车和GT（Grand Tourer，豪华旅行车，实际更像高车身掀背车）。3系的高端衍生型贴上了4系的标签，包含全新的双门跑车、敞篷车、Gran Coupe（缩小版四门6系，容易与3系GT混淆）以及X4（比X6稍小的SAC）。

新一代3系和4系都采用了全新的前脸设计风格，而此

宝马　第二代 X3（F25），2010—2018 年

作为一款成功的中型 SUV，第二代 X3 比前代车型更大、更协调、更精致，但造型风格上的差异并不明显。第二代 X3 采用了全新设计的悬架和配备 Efficient Dynamics 技术的动力总成，标配伺服转向助力系统（Servotronic steering，即车速感应式转向助力系统）。此外，新加入的抬头显示器和 iDrive 系统等配置使第二代 X3 的内饰科技感大幅提升。

- **2010 年**：提供 1 型汽油发动机和 3 型柴油发动机，输出功率范围为 143~258hp（107~192kW）。
- **2011 年**：产品线扩展，入门车型 xDrive20i（184hp/137kW）、搭载六缸双涡轮增压汽油发动机的 xDrive35i（306hp/228kW）和搭载柴油发动机的 35d（313hp/233kW）问世。
- **2012 年**：全系搭载涡轮增压发动机，xDrive28i 的四缸汽油发动机输出功率为 245hp（183kW）。全系配备驾驶模式选择系统。后驱车型 sDrive18d（143hp）问世，进一步拉低入门售价。
- **2014 年**：经中期改款，车首造型接近 3 系，前照灯与双肾形进气格栅连通。新一代 2.0L 柴油发动机输出功率达 190hp（142kW）。

后的几乎所有宝马核心车型都将沿用这一风格。时任宝马设计总监卡里姆·哈比卜（Karim Habib）在接受本书作者采访时谈到："3 系（F30）对我们而言是关键的一步，我们塑造了一个（视觉效果）极低的车头，并决定将双肾形进气格栅与前照灯相连，今后你会看到更多这样的设计。"

在以各色车型全面进军中端市场前，宝马已经进行了多方布局，致力于实现为个人出行提供可持续化解决方案的目标。这一阶段，宝马巩固全球领先地位的举措包括：2011 年宣布将于 2013 年推出城市电动车 i3，3 系、5 系和 X5 等车系的混合动力车型，以及插电式混合动力跑车 i8；2011 年与丰田签署了一项有关混合动力和电动汽车的合作协议，并在 2013 年扩大了合作领域，包括燃料电池和锂电池技术共享，以及运动跑车研发项目；有计划地对"Park at my House"项目（现称"Just Park"项目）和城市共享汽车项目"Drive Now"进行投资。

此时，经过改装的 Mini 统治了达喀尔拉力赛，牛津工厂也得到升级，以缓解长期的产能压力，并为 2014 年后基于 UKL 前驱平台打造新一代 Mini 做好准备（宝马 2 系旅行车和第三代 1 系也采用了 UKL 平台）。放眼摩托车业务，业绩

宝马摩托车部门的主要研发项目包括超豪华六缸车 K1600（上图），以及针对高端踏板车市场的 C600 Sport（右图）和 C650GT

宝马　第六代 3 系（F30/31/34）；第一代 4 系（F32/33/36），2011—2019 年

3 系自诞生以来就是宝马的核心车系。2011 年推出的第六代 3 系运用了宝马的全新设计语言，取得了令人瞩目的市场成绩。与前代车型相比，第六代 3 系更大、更宽敞，重量却更轻。造型方面，第六代 3 系低矮舒展的车首极具视觉冲击力，前照灯与双肾形进气格栅贯通，浑然一体。机械方面，第六代 3 系采用了铝合金前悬架组件，五连杆后悬架相对前代车型也得到优化，同时提供运动化可变传动比转向系统（Variable Sport steering）和 M 自适应运动悬架（Adaptive M Sport suspension）等配置。值得一提的是，第六代 3 系还衍生出 4 系轿跑车，包括敞篷版和 Gran Coupe 版（即四门 GT 版）。

2011 年：在法兰克福车展上首次亮相，搭载 TwinPower Turbo 汽油发动机的车型包括 245hp（183kW）的 328i（四缸）和 306hp（228kW）的 335i（六缸），搭载 TwinPower Turbo 柴油发动机的车型包括 163hp（122kW）的 320d Efficient Dynamics、184hp（137kW）的 320d 和 258hp（192kW）的 330d，全系匹配六档手动变速器或八档自动变速器。

2012 年：316d、318d 和 320i（184hp/137kW）问世。旅行版问世，造型风格与 5 系旅行版相似。搭载 2.0L 汽油发动机的 316i 成为入门车型。ActiveHybrid 3 和配装 xDrive 四驱系统的车型问世。

2013 年：新一代 3 系 GT 问世，轴距相较前代增长，车身更高，采用跑车式溜背造型，提供 5 型发动机，输出功率为 143~205hp（107~153kW）。

2013 年：4 系轿跑车（F32）问世，造型风格与 6 系相似，比 3 系更低矮、更运动，提供 1 型六缸发动机和 2 型四缸发动机，引入敞篷版，其三段式折叠硬顶可在 20 秒内开启或关闭。

2014 年：M3 和双门硬顶版 M4 问世，搭载 3.0L 涡轮增压六缸发动机，输出功率为 431hp（321kW），匹配六档手动变速器或七档 M 双离合变速器，可选换档逻辑（DriveLogic）且有弹射起步模式，此外还配装了 Active M 差速器。

2014 年：4 系 Gran Coupe 版问世，融合了轿跑车的运动感和掀背车的实用性，车身长宽与双门轿跑版相同，但车顶更高且进一步向后延伸，增大了后座乘客的头部空间。

2014 年：敞篷版 M4 问世。

2015 年：轿车版和旅行版经中期改款，配装 LED 日间行车灯，两个独立灯组融为一体。换装创新型模块化发动机：318i 搭载 1.5L 三缸汽油发动机，输出功率为 136hp（101kW）；320i 和 330i 搭载 2.0L 四缸汽油发动机，输出功率分别为 184hp 和 252hp（188kW）；340i 搭载 3.0L 六缸汽油发动机，输出功率为 326hp（243kW）；四缸柴油发动机的功率从 116hp（87kW，316d）到 190hp（142kW，320d）。八档自动变速器增加空档滑行模式。xDrive 四驱系统在 320i、320d 和 330d 上选配，在 335d 上标配。用于取代 ActiveHybrid 3 的插电式混合动力车型 330e 问世，二氧化碳排放量仅为 49g/km。

2016 年：325d 搭载新型四缸柴油发动机。

▲ 2系旅行车基于宝马的UKL前驱平台打造

正随着两个终极车系的崛起而不断攀升：奢华的六缸K1600系列在豪华摩托车市场引起了轰动；尽管2000—2002年间生产的C1踏板车铩羽而归，但宝马还是大胆地推出了C600 Sport和C650GT两款高端踏板车，以求在城市通勤市场取得突破——幸运的是，两者的市场反馈都比C1好得多。

2013年，宝马高层发现欧洲工厂的产能已经捉襟见肘——四家工厂的利用率都达到了105%，甚至是110%。于是，2014年初，宝马决定将部分掀背版Mini的生产任务外包给荷兰的NedCar工厂。2015年，赖特霍费尔在最后一次以董事长身份向股东们陈词时，回顾了自己在宝马管理层的九载光辉岁月。截至2014年，宝马已经连续五年刷新销量纪录，轻松达成了200万辆的销量目标，其中Mini的销量超过30万辆，摩托车的销量也接近12.5万辆。一场豪赌即将开场——针对家庭用户打造的2系旅行车，代表着高端可持续生活的i3和i8，以及在多个城市开展的、旨在让更多囊中羞涩的消费者尽快享用宝马或Mini汽车的"Drive Now"项目。作为宝马发展史上业务最娴熟、成就最耀眼的首席执行官（兼董事长）之一，赖特霍费尔领导宝马将年销量从2005年的140万辆一举提升到2014年的超过210万辆——尽管遭遇了自20世纪20年代以来最严重的全球金融危机。在他任职期间，宝马的营业收入增长了50%，三个品牌的总车型规模也从2006年的19款增至40款。

赖特霍费尔的接棒者——哈拉尔德·克鲁格（Harald Krüger）将面临一些严峻的挑战：作为全球最大的豪华车消费市场，以及各大豪华品牌长期以来的主要盈利市场，中国市场正经历着罕见的低迷期；身为华尔街宠儿的新兴高端电

▲ Mini ALL-4 拉力赛车以 Mini Countryman 为基础打造，它连续四年蝉联达喀尔拉力赛冠军

 宝马　第一代 X4（F26），2014—2018 年

受 X6 大获成功的鼓舞，宝马于 2014 年推出了第一代 X4，它线条凌厉的高车身融合了"X"家族的运动特性与轿跑车的优雅气质。X4 比 X3 更长、更低矮，凭借大尺寸轮胎和错落有致的车身曲面展现出极强的视觉冲击力。X4 与 X3 在工程技术上一脉相承，提供 3 型汽油发动机和 3 型柴油发动机，全系配装 xDrive 四驱系统。

2013 年：概念版在上海国际车展上首次亮相。
2014 年：量产版问世，包括 20i、28i、35i、20d、30d 和 35d 等车型。
2016 年：高性能版 xDriveM40i 问世，搭载新型 TwinPower Turbo 直列六缸发动机，输出功率为 360hp（268kW）。

动汽车制造商特斯拉（Tesla）对传统汽车制造商构成了巨大威胁；在各国排放标准不断提高的背景下，柴油机的未来被画上了一个大大的问号。

第 19 章

塑造未来

2007年末,一个极具颠覆性的设想在宝马内部萌发。根据首席执行官赖特霍费尔提出的"第一战略",宝马将以更长远的眼光和更广阔的视野来把握未来。要想在2030年甚至2040年之后继续稳坐豪华车市场的头把交椅,不仅要重新考量汽车本身的定义和价值,还要全面思考未来的汽车制造方式、销售和服务方式以及使用环境。

这项任务庞杂而艰巨。为此,宝马专门成立了类似洛克希德·马丁"臭鼬工厂"(Skunk Works)的特别项目小组(select project group),研究新型汽车和相关技术,以及包含车辆所有权模式在内的整个价值链。2008年夏天,特别项目小组首次"非正式"暴露在聚光灯下。当时,有消息称电动版Mini正处于开发阶段,有500辆试验车将在美国进行道路测试。两年后,宝马推出了电动版双门1系——Active E——它的重要使命是继续积累道路测试经验,并将测试地域扩展到欧洲和中国。2011年春天,在研发工作即将结出硕果时,宝马正式披露了特别项目小组的情况——这个以"智库"模式组建的小组已经成长为全新部门(品牌)——"BMW i"(以下称i部门),负责研发具有可持续性的先进电动汽车。

此前的几个月中,宝马管理层一直在密切关注着大型城市的发展和扩张趋势。这类城市的居民通勤需求将催生一种全新的车型,宝马称其为"超大城市汽车"(Megacity Vehi-cle)。工程师们解释说:这种汽车必须实现零排放,并满足宝马车主所要求的敏捷性和操控感,因此需要用轻量化的碳纤维架构来平衡动力电池组增加的重量。i部门成立后不久便推出了宝马的首款超大城市汽车——i3,同期亮相的还有一款

▲ i项目是宝马迄今为止投资规模最大的项目,催生了i3和i8两款纯电动/插电式混合动力车型,两者均采用碳纤维车身架构,引入全新生产体系,并用于探索创新零售模式和所有权模式

▲ 2015 款 7 系在同级车中率先采用碳纤维车身架构，并引入了远程泊车、手势控制和插电式混合动力系统等先进技术

基于 Vision Efficient Dynamics 概念车的运动跑车。

i 部门产品管理副总裁亨里克·文德斯（Henrik Wenders）在接受本书作者采访时说："这一切都源于'第一战略'。当然，i 项目是有争议的，它是宝马有史以来最大的一笔投资，也是一场革命。我们谈论的是全新的汽车架构、碳纤维轻量化材料的工业化以及莱比锡的新工厂。我们投资了一项面向未来的技术，还投资了全新的商业模式——一切都在改变。"

文德斯说："如果你不想被未来束缚，就必须拥有清晰的视野，并对未来几十年可能发生的一切有清晰的思考。董事会和监事会都同意我们的观点，大家一致认为市场政策和能源供应情况是影响未来汽车产业的主要因素，可持续性也将成为影响客户购买意愿的关键。"

2013 年 7 月，量产版 i3 正式发布，后轮驱动形式和灵敏的转向特性使它完美契合了宝马所倡导的"纯粹驾驶乐趣"。纯电动版 i3 的续驶里程为 160km——如果你对此仍然心存疑虑，那么还可以选择增程版 i3，它的续驶里程相对纯电动版提高了近一倍。随着 i3 的逐步交付，"Connected Drive"网络服务也得到了大幅升级，能量管理成为导航系统的首要任务——宝马将它与 i3 构成的产品 - 服务体系定义为"高端可持续出行方式"。

一年后问世的 i8 是对这一定义的再次诠释。无论以美元、欧元还是英镑计算，i8 的售价都达到了六位数——它是宝马当时孕育的最昂贵、定位最高的车型。i8 的与众不同不仅在于科幻的造型和剪式车门，更在于精妙的工程设计：油电混合动力系统高效而可靠，前置电机和变速器以及智能能量管理系统能带来出色的燃油经济性——没有人会忌惮它的发动机排量只有 1.5L。各路媒体针对 i8 的报道铺天盖地，他们将 i8 奉为宝马的新旗舰和"环保大使"。

宝马从没有寄希望于 i3 和 i8 成为市场主力车型，但 i 项目催生的全新工程思维实实在在地反哺了传统产品——混合动力版 X5 和 3 系，以及全新 7 系（G11/12），很快就会走向消费者。全新 7 系基于 35-up 平台（同时用于 3 系、5 系等后驱和四驱车型）打造，采用了发端于 i3 的"碳纤维内核"（Carbon-Core）车身架构。宝马在全新 7 系的设计上延续了谨慎作风，但内饰铺陈和互联驾驶方面也不乏新意，其中最引人注目的是业界首推的中控系统手势控制功能。

全新 2 系五座 / 七座旅行版的问世标志着宝马产品思维的颠覆性转变，两者均基于 UKL2 前驱平台打造，毫不掩饰对家庭用户需求的妥协——除经典的双肾形进气格栅外，你恐怕很难从它们身上感受到宝马的运动特质。同期，基于 1 系（F20/21）平台推出的 2 系双门轿跑版和敞篷版则忠实传承了后驱形式。2016 年初，以 2 系双门轿跑版为基础打造的 M2 重新点燃了车迷们的热情，它搭载一台强劲的双涡轮增压直列六缸发动机，紧凑的车身蕴含着深不可测的操控功力。车评人们对 M2 不吝溢美之词，他们认为 M2 纯粹地重现了初代 M3 的精髓。更重要的是，对大部分运动车爱好者而言，它是一个负担得起的选择。

与 2 系旅行版密切相关的是第二代 X1（F48/49），它可选前驱或四驱形式，造型上引入了全新设计元素。2015 年 11 月的广州国际车展上，宝马首发了一款棱角分明的前驱概念车——Compact Sedan，它的量产版就是 2016 年上市的专供中国市场的三厢 1 系（F52）。而面向全球市场的新一代 1 系（F40）也放弃了后驱形式，投向了 UKL2 前驱平台的怀抱。

与此同时，宝马的产能正在持续扩张——分布在 14 个

宝马　i3（i01），2013 年至今

为满足大型城市通勤需求，宝马提出了"超大城市汽车"概念，并推出采用纯电动 / 增程式混合动力系统的 i3。正式发布前，i3 的多项核心技术就已经公开："驾驶"模块由碳纤维底盘、动力电池组和后置电机组成；"生活"模块，即驾驶室部分的安全结构，同样由碳纤维打造。2011 年法兰克福车展上，首发亮相的概念版 i3 备受瞩目，它完美诠释了"超大城市汽车"概念。量产版 i3 于 2013 年夏季发布，采用了洋溢着科幻感的造型设计风格，4m 长的车身棱角分明，内饰则引入了简洁明快的斯堪的纳维亚风格。

2013 年：量产版在法兰克福车展上首次亮相，纯电动版搭载 170hp（127kW）电机和 18.8kW·h 锂离子动力电池组，能在 7.2 秒内完成 0-100km/h 加速，最大续驶里程为 160km。增程式混合动力版搭载一台后置双缸汽油发动机，最大续驶里程为 300km。
2014 年：提高产量，在美国上市。宣布碳纤维部件工厂将扩大产能。
2015 年：加入伦敦、柏林等地的"Drive Now"共享车队。

宝马 i8（i12），2013 年至今

2009 年亮相的概念车 Vision Efficient Dynamics 魅力十足，作为这款 2+2 布局插电式混合动力跑车的"现实版"，i8 于 2013 年 9 月问世，它将 Vision Efficient Dynamics 的科幻气质演绎得更加生动，同时采用了碳纤维车身架构和前桥驱动电机。在以涡轮增压三缸汽油发动机为基础的插电式混合动力系统与行星齿轮式自动变速器的默契配合下，i8 的综合输出功率可达 362hp（270kW），能在 4.4 秒内完成 0-100km/h 加速，而二氧化碳排放量仅为 49g/km。i8 在技术和商业层面的突破引发了业界对跑车未来的思考，它是真正意义上的革命性产品。

- **2011 年**：概念版 i8 在法兰克福车展上首发。
- **2012 年**：概念版 i8 Spyder 在北京车展上首发，采用双座布局，轴距较标准版更短。
- **2013 年**：量产版 i8 正式发布。
- **2014 年**：在莱比锡工厂投产，可选配全球首创的激光前照灯。
- **2015 年**：荣获"年度国际最佳发动机"和"年度国际最佳全新发动机"两项大奖。年销量达 5456 辆，超过其他品牌高端混合动力跑车的销量总和。
- **2016 年**：概念车 i Vision Future Interaction 在拉斯维加斯消费电子展（Consumer Electronics Show）上亮相，作为 i8 的概念敞篷版，它配有多屏显示器，凭借 AirTouch 技术实现了手势控制，同时具有人工驾驶、辅助驾驶和自动驾驶三种驾驶模式。

国家的 30 多家工厂每年能向全球市场供应 200 余万辆汽车和摩托车。美国的斯帕坦堡工厂是宝马目前最大的海外生产基地，除 X1 外的所有 X 系列车型都在这里生产。巴西制造的第一辆宝马汽车于 2014 年下线，墨西哥工厂于 2019 年正式投产，全新的 G 系列摩托车将在巴西和印度同时组装。

2015 年，宝马销售了约 224.7 万辆汽车——轻松将竞争对手们抛在身后。当然，梅赛德斯 - 奔驰的势头也不容忽视，凭借着一系列新车型在各细分市场中的活跃表现，这位宝马曾经仰视的巨人也迎来了强力反弹。拥有大众集团这座靠山的奥迪同样雄心勃勃。而来自日本的挑战者雷克萨斯和英菲尼迪正建立起愈发稳固的豪华品牌形象，在北美和亚洲市场备受推崇。韩国的现代集团正循着丰田的足迹，孕育自己的豪华品牌——Genesis。长远来看，这些竞争对手都将威胁宝马的优势地位。

宝马或许还能长期稳坐头把交椅，但前提是不能停下前进的脚步。未来几十年，传统汽车产业将面临重大挑战：除排放层面外，还要通过优化和革新制造、销售及售后服务环节来实现真正的全产业链可持续性；无论产业层面还是市场层面，都要向电动汽车时代平稳过渡。对一个以驾驶乐趣为

▲ 225xe 和 330e 是宝马在 2015 年推出的两款插电式混合动力车型

 宝马 2系双门轿跑车和敞篷轿跑车（F22/23），2013年至今；2系旅行车和多功能旅行车（F45/46），2014年至今

2系旅行车的问世，标志着宝马放弃了坚守数十年的全后驱产品理念，开始将前驱车型纳入核心产品线。2系旅行车实际上是一款面向家庭用户的MPV，分为五座旅行版（Active Tourer）和七座多功能旅行版（Gran Tourer），两者均与Mini共享UKL2前驱平台。除旅行车外，2系还包括双门轿跑车、敞篷车和M2，但这三者均与1系共享后驱平台，在技术上与2系旅行车毫无关联。

2012年：概念版2系旅行车在巴黎车展上亮相，采用前驱形式，提供新型1.5L双涡轮增压三缸发动机和eDrive插电式混合动力系统，车内设有存放自行车的空间，强调户外功能。

2013年：2系双门轿跑车问世，取代1系双门轿跑车，基于1系的后驱平台打造，提供184hp（137kW）四缸发动机（220i）和326hp（243kW）直列六缸发动机（M235i）。

2014年：2系五座旅行车（Active Tourer）于秋季问世，采用前驱形式，最初提供三缸汽油发动机（218i）和四缸柴油发动机（218d），车内空间布置方式灵活多变，可选装抬头显示器、城市自动制动系统（automated city braking）和泊车辅助系统（parking assistant）。220i、216d、220d 和 225i 问世，后两者标配 xDrive 四驱系统。

2014年：基于2系双门轿跑车打造的2系敞篷车问世，产品线与前者相似，增加搭载245hp（183kW）发动机的228i M Sport。

2015年：2系双门轿跑车更新产品线，包括218i、218d、225d以及配装xDrive四驱系统的220d。

2015年：2系七座多功能旅行车（Gran Tourer）问世，车身相对五座旅行车加长214mm，配装滑动式第二排座椅，提供三缸/四缸汽油发动机，220d xDrive 搭载了四缸柴油发动机，输出功率为190hp（142kW）。

2016年：225xe问世，搭载由1.5L双涡轮增压汽油发动机与88hp（66kW）电机组成的插电式混合动力系统，匹配八档自动变速器，汽油发动机驱动前轴，电机驱动后轴，藉此实现四轮驱动，纯电续驶里程可达41km。

2016年：双门轿跑版M2问世，采用后驱形式，搭载M TwinPower Turbo 3.0L直列六缸发动机，输出功率为370hp（276kW），匹配六档手动变速器或七档M双离合变速器，标配Active M差速器，铝合金悬架组件源自M3，驾驶感受接近E30 M3和2002 Turbo。

▲ 2系七座多功能旅行车的车身相较五座旅行车加长214mm

▽ i3是宝马一系列雄心勃勃的创新计划的核心，例如"Charge Now"和"Drive Now"，这两个项目都是共享汽车服务，邀请客户"找到它，驾驶它，离开它"

核心价值的品牌而言,最关键的问题,或许是在自动驾驶技术日趋成熟的背景下,坚定地为驾驶者提供一如既往的操控感受和动态表现,而不是简单地满足出行需求。宝马必须不断进行自我革新,引领行业风向,就像研发 Efficient Dynamics 技术和创建 i 部门那样。也只有这样,才能使竞争对手们永远在追赶的路上望眼欲穿。

宝马已经走过自己的第一个百年,全世界都期待着它在新的百年中续写蓝天白云传奇——当然,这需要真正的远见卓识。

▲ 2016 年初推出的搭载 V12 发动机的 M760Li xDrive,是宝马心系传统高性能汽车爱好者的象征,它是首款基于 7 系打造的 M 车型。
激情四射的 M2 使人联想起惊艳 20 世纪 60 年代的 2002 Turbo

▲ 宝马世界品牌中心（BMW Welt）坐落于慕尼黑工厂旁，主要用于展示宝马旗下6个品牌的历史和产品，会定期举办展览和音乐会，并承担新车交付中心的职能。自2007年开业以来，该中心已累计接待超过2000万名参观者

 宝马 第六代7系（G11/12），2015年至今

第六代7系于2015年夏季首次亮相，宝马此前已经围绕它的工程技术特点开展了众多宣传，其中最值得关注的是高强度碳纤维车身架构，这使它相对前代车型减重130kg。第六代7系的车首更为低矮，视觉效果不再臃肿，造型风格更显优雅，车窗边框和侧裙上的镀铬装饰可谓点睛之笔。动力总成包括新一代六缸发动机、改进型V8发动机，以及740e所搭载的插电式混合动力系统，后者的二氧化碳排放量仅为49g/km，纯电续驶里程可达40km。第六代7系的技术亮点还包括空气弹簧、带后轮转向功能的整体式主动转向系统、遥控泊车系统、选配的xDrive四驱系统、激光前照灯以及带液晶显示屏的智能遥控钥匙。第六代7系的内饰同样采用了多项创新技术，包括手机无线感应充电装置、音响和电话手势控制功能以及带触控功能的第五代iDrive系统。

2015年：标准版和长轴距版同时问世，产品线包括搭载直列六缸发动机的730d和740i，搭载V8发动机的750i，以及搭载插电式混合动力系统的740e，全系匹配八档自动变速器。

2016年：首款基于7系打造的M车型M760Li xDrive问世，搭载6.6L排量TwinPower Turbo V12发动机，输出功率可达610hp（455kW），0-100 km/h加速时间仅为3.7秒，可选装M Driver套件，将电子限速值提高至305km/h，八档自动变速器经重新标定，换档逻辑更趋运动。

2016年：插电式混合动力车型附加"i Performance"标识，引入i项目技术成果，740e更名为740e i Performance。

第 20 章

下一个百年

面向未来的概念车 Vision Next 100 拥有摩登造型和宽敞空间,但宝马并没有公布它的驱动形式和动力源信息

回溯百年,宝马的崛起之路艰辛而曲折——这是一段催人奋进的传奇。在过去的几十年间,宝马遭遇了数次危机,两度濒临绝境,在罗孚收购风波中更是险为"俎上之鱼"。

五十五年前,宝马找到了真正适合自己的方向,大胆地以"新级别轿车"挑战沉闷的豪华轿车市场,使一切豁然开朗。如今,宝马已经成为无可替代的豪华汽车市场领导者,成为其他汽车制造商竞相追赶的目标。宝马必须保持前进的定力,不能沾沾自满——与其低头叹息历史车轮的滚滚向前,不如昂首拥抱变革,在创新中永佇潮头。

因此,在纪念百年华诞的重要时刻,宝马选择了向前看,而不是迷失在记忆的波澜中。令人翘首企盼的 Vision Next 100 概念车专为庆典活动设计,除标志性的双肾形进气格栅和致敬 1936 款 328 跑车的些许元素外,它相对任何既往车型都可谓脱胎换骨。之所以要特别向 1936 款 328 致敬,是因为这款车对当时尚在蹒跚学步的宝马而言是一个突破性的转折,它使宝马在赛车界一鸣惊人,并为后辈的茁壮成长铸就了坚实的基础。

巴伐利亚飞机制造厂成立一百年后,2016 年 3 月 7 日,宝马百年庆典大会在慕尼黑隆重举行,会场距最初的航空发动机和摩托车生产厂房仅一公里之遥。会上,时任首席执行官哈拉尔德·克鲁格(Harald Krüger)在发言中回顾了宝马发展史上的八个关键节点。在克鲁格看来,宝马拥有三个与

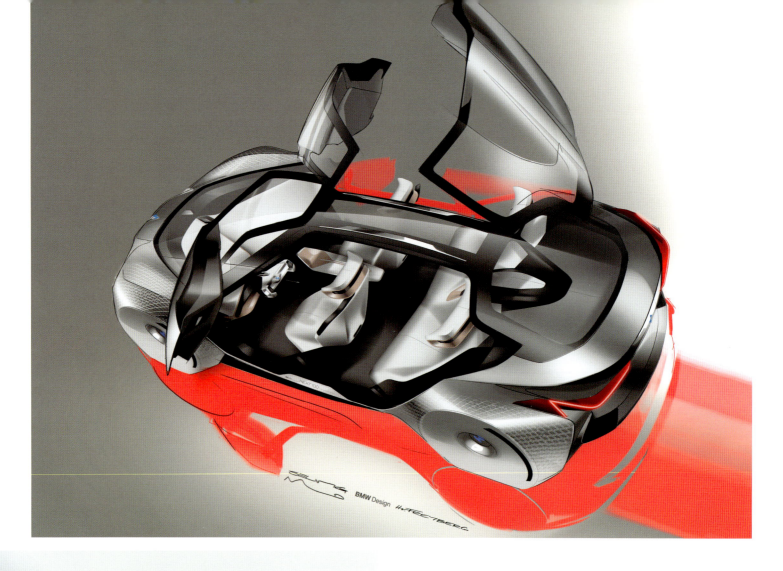

▲ 宝马设计工作室的设计草图清晰地展现了概念车 Vision Next 100 的四座布局和布置动力总成的空间

众不同的特质：与生俱来的学习和适应能力、不懈的技术创新能力以及强烈的社会责任感。"在一百年的时间里，我们已经多次证明，我们有快速学习的能力，也敢于做出大胆的决定。"克鲁格说道。在 Vision Next 100 概念车身上，我们很容易感受到宝马的三个特质，因为它是宝马对未来二十甚至三十年内设计思路的集中诠释。那么，宝马对自身乃至整个汽车产业未来的思考，是怎样通过 Vision Next 100 呈现的呢？

首先，Vision Next 100 拥有符合空气动力学要求的低矮车首。其次，尽管以传统四座轿车面貌示人，但 Vision Next 100 那向上开启的巨大车门足以震撼人心，它的车身尺寸接近 5 系，却拥有与 7 系不相上下的空间表现，完美契合了宝马所描绘的未来豪华轿车形象。最后，走进驾驶室，简洁流畅的中控台上装有可收缩式方向盘，彻底抛弃了传统的功能按键和仪表——宝马对此的阐释是：为避免多信息源对驾驶行为的干扰，以前风窗玻璃作为显示介质，将最重要的信息以全息投影的方式呈现给驾驶者。

最具创意的是，驾驶信息的呈现方式和驾驶设备布局都可随驾驶模式自动变化：在"Boost"模式下，与驾驶传统汽车一样，驾驶者能纵情享受操控乐趣，而风窗玻璃上会显示导航信息，以及控制系统推荐的过弯轨迹和速度；在"Ease"模式下，方向盘会自动收缩到中控台内，座椅会自动旋转，车辆将由自动驾驶系统接管，而风窗玻璃上也会转而显示娱乐和通信信息，并突出显示和解释行程中的重要坐标点。

更令人称奇的是，Vision Next 100 的部分车身外表面能根据行驶状态和驾驶者意图改变形状和颜色：当行驶速度和车身姿态改变时（例如过弯），由数百个"金字塔"形模块构成的可变轮拱会自动伸展或收缩，始终将车轮包覆在内，几

▲ 概念车 Vision Next 100 的轴距和轮距与 5 系相近，但提供了不逊于 7 系的车内空间，其后排采用了便于进出的双座布局

▽ 2016 年 3 月，宝马迎来 100 岁生日之际，首席执行官哈拉尔德·克鲁格与概念车 Vision Next 100 合影

▲ 在"Ease"模式下（上图），方向盘会自动收缩到中控台内，座椅也会自动旋转；在"Boost"模式下（中图），由驾驶者手动驾驶，风窗玻璃上会显示路况、推荐行驶速度和行驶线路等信息。座椅方位会随驾驶模式改变（下图）▽

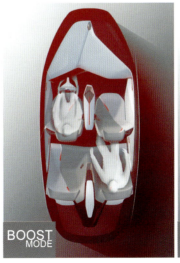

乎完全消除车轮滚动导致的湍流，时刻保持最佳的空气动力学特性。与此同时，"金字塔"形模块的颜色也会发生变化。不过，宝马并没有透露上述功能的具体实现方式——这显然是一项重大挑战。

设计总监阿德里安·冯·霍伊东克（Adrian von Hooydonk）评论道："只要你能想到，就有可能实现。"可变车身无疑是设计师们梦寐以求的终极技术，而宝马的大胆设想或许能成为一切颠覆性设计的原点。

可能是出于商业保密的考虑，宝马并没有公布 Vision Next 100 的动力源，我们只知道它是"零排放"的。燃油发动机在宝马的百年文化中占有无可替代的地位，它始终与蓝

233

下一个百年

▲ 设计草图展现了概念车 Vision Next 100 的 "Alive Geometry"（灵动结构）车身变化效果，轮拱在转向时会自动向外伸展，从而包裹车轮

▶ 与五十余年前富于开创性的 1500 轿车一样，Vision Next 100 预示了宝马未来的发展重心

▽ 近观 "Alive Geometry" 车身表面，由众多形如 "金字塔" 的模块构成，其整体形状和颜色能同时改变

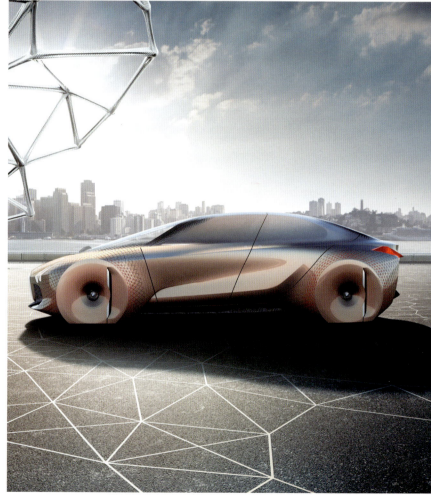

天白云标志紧密相连。2030或2040年太过遥远，因此宝马恐怕也很难对动力源有清晰的把握。对Vision Next 100而言，可能存在多个基于现有认知的驱动方案，也可能存在具有突破性但尚在研发中的方案。

i部门产品管理副总裁亨里克·文德斯在接受本书作者采访时说，到2040年，宝马生产的所有汽车都会以某种形式实现电动化——纯电动汽车、插电式混合动力汽车、传统混合动力汽车和氢动力汽车将"四分天下"。2016年3月，哈拉尔德·克鲁格在股东大会上发言时承诺：年底前，宝马会推出7款纯电动汽车或插电式混合动力汽车，其中包括动力电池容量更高、续驶里程达200km的新款i3；2018年，宝马将推出新任"品牌形象代言人"——i8敞篷版；未来，i项目的技术将应用于宝马传统车系和Mini车系，使所有车系都拥有i Performance插电式混合动力车型；宝马将为旗下所有车型提供M Performance套件，各车系M车型的销量自2010年起到2016年已经增长了四倍。

会上，克鲁格公布了新一阶段的"第一战略"（Strategy Number One > Next），其重要性不亚于Efficient Dynamics技术和i项目。新版"第一战略"面向未来，旨在使宝马居于互联网革命的核心地位，并继续保持行业领先。汽车的价值将逐渐由硬件向互联性和服务性倾斜，宝马称此为"数字化进程"（Digitalization）——这将引领高清电子地图技术、传感器技术、云技术，甚至人工智能技术的发展。此外，新版"第一战略"规划了令人振奋的技术发展蓝图：相比Efficient Dynamics技术更进一步的Efficient Dynamics Next技术，将大幅提升动力总成的效率；i项目2.0（Project i 2.0）将确保宝马在自动驾驶领域的领导地位；i Ventures项目将普惠于私人出行领域的初创企业；i Next是一项雄心勃勃的计划，它将孕育具有革命性的i车型，引领豪华车市场的新一轮技术迭代。

i Next计划的量产车型预计于2026年左右上市，它将成为宝马的新一代旗舰车型，成为业界的新一代技术标杆。当前，宝马的插电式混合动力产品处于第三代，即将问世的第四代产品将具有更长的续驶里程，而第五代产品也在紧锣

▼ 概念车Vision Next 100的早期设计草图，尚未加入可变车身设计

▲ 作为宝马下一个百年的愿景，尽管概念车 Vision Next 100 拥有超越时代的摩登造型，但并没有脱离四门豪华轿车的内核

密鼓的开发之中。与丰田合作的氢燃料电池动力系统将实现真正意义上的零排放和超长续驶里程，加注一次燃料能行驶 700km。

随着苹果和谷歌等科技巨头相继进军汽车产业，凭借互联技术和自动驾驶技术蚕食传统制造商的份额，全球汽车市场将迎来一场旷日持久的"白刃战"。为此，宝马正在重新思考汽车的开发流程："沟通"技术将在未来的互联化、自动化时代发挥无可替代的作用，必须从驾驶室和众多集成系统开始，由内而外重新打造汽车，而驾驶室设计将随汽车技术的发展演变为一门独立学科。

未来几年，最大的设计变革将发生在驾驶室和控制/交互系统中。显然，宝马在这两方面都有可靠的创新经验——在业内首先引入了车载导航系统、人机交互系统（iDrive）、车内 WiFi 热点、手势控制和遥控泊车系统。标新立异的 Vision Next 100 概念车向我们展现了宝马未来的发展方向，而跃跃欲试的 iNext 量产车会使众多创新设计和技术成为现实。正如克鲁格所说的那样——宝马有信心在产业转型和意义深远的变革中发挥自身的价值。

在 2016 年 3 月的股东大会上，克鲁格慷慨陈词："宝马在不断地完善自我中走过了一百年。作为产业技术的引领者，宝马推动了全球工业和汽车市场的变革。无论今天还是明天，我们都将以'第一战略'为行动纲领，助力宝马迈入新时代。我们将改变并持续引领私人出行技术及整个汽车产业。宝马一直注重长远规划，我们将一如既往，沿着'第一战略'的路线，放眼 2020 年乃至 2025 年后。"

▲ 概念车 Vision Next 100 身上仍不乏经典的宝马设计元素,例如 L 形尾灯和双肾形进气格栅

译者后记

1916年3月7日的慕尼黑，飞翔与驾驶之梦正式启航。一百余年来，从航空发动机到摩托车，再到汽车，随着时代的脉动，宝马为我们带来了不胜枚举的工程杰作与创新技术。今天，无数汽车爱好者都对蓝天白云标志心驰神往，在他们的梦想座驾清单中，宝马汽车总不会缺席——当然，我也是Bimmer大家庭的一份子。

踏上德国的土地，你总能感受到格外浓郁的汽车文化，而宝马正是驱动这一独特氛围的"发动机"之一。两年前，我在慕尼黑度过了一段短暂而美好的时光。我曾无数次流连于四缸大厦，以及环绕在它身旁的宝马博物馆和宝马世界——对任何一位汽车爱好者而言，这里都是圣地。慕尼黑街头的汽车文化同样令我迷醉：时而在城市街道上，杂糅着惊异与喜悦，接连邂逅两辆宝马Z8；时而在乡间小路上，欣慰地望着一辆80岁"高龄"的宝马327纵情驰骋；时而在宝马工厂旁，兴奋地窥探一辆辆周身贴满斑马纹的伪装车，推测它们是全新幻影还是M5。没错，这里是宝马的地盘！即使在北德这片似乎只属于大众公司的疆域，你仍然能感受到宝马的感召力：琳琅满目的经典车聚会中，成群结队的宝马'02系列和各代M车型总不会缺席。

宝马，抑或蓝天白云标志，是德意志民族强盛工业文明与悠久历史文化水乳交融的象征。在走过一个世纪的征程后，宝马并没有试图放缓创新的步伐。

在设计方面，愈发醒目的双肾形进气格栅令很多车迷无法理解。但当你回首二十年前，会发现采用克里斯·班戈"立体火焰"设计语言的第一代Z4（E85），以及拖着"小鸭尾"的第四代7系（E65）刚刚问世时，也曾饱受质疑和非议，可如今它们都已成为汽车设计史上无可替代的经典——这无疑是宝马前瞻性思维的缩影。

在技术方面，近年来兴起的电动汽车浪潮令很多人茫然若失，但当你回首十年前，会发现宝马已经悄然启动了着眼未来的i项目。这一项目催生了众所周知的i8和i3两款划时代产品。即将走下历史舞台的i8，是迄今为止世界上最成功的混合动力超级跑车之一。而同样已近"暮年"的i3，作为"超大城市汽车"概念的践行者，在核心技术理念上仍然领先于大部分后来者。

更重要的是，在走向全面电动化的"动荡"时代，宝马未曾忘记自己的启航之梦——Sheer Driving Pleasure（纯粹驾驶乐趣）：8系的回归令每一位Bimmer心潮澎湃，M8的到来更是弥补了二十年前E31 M8未能量产的缺憾；新一代3系（G20）似乎在"中庸"的道路上迈进了一大步，但它依旧是同级车中标杆般的存在，而高性能版M340i以及蓄势待发的M3，显然不会让Bimmer们失望；Z4敞篷跑车终于迎来了换代，这一次它肩负着非同寻常的任务——为丰田Supra提供涅槃重生的"骨肉"。

在本书即将出版之时，宝马发布了第六版蓝天白云标志，更加扁平化、更加纯粹的设计语言，是否预示着又一场出人意料的创新与变革呢？在宝马的下一个百年中，让我们拭目以待吧！

最后，我要特别感谢机械工业出版社编辑孟阳、好友陈哲然和谢月，他们为我提供了无私的帮助，使本书的翻译更加精准、文字更具魅力。

庞珅
2020年春于不伦瑞克

参考文献和拓展阅读

图书

Brady, Chris, and Andrew Lorenz. *End of the Road: BMW and Rover, a Brand Too Far.* Financial Times Prentice Hall, London, 2001.

Buckley, Martin. *BMW Cars.* MBI Publishing Co., St. Paul, MN, 2001.

Carver, Mike, Nick Seale, and Anne Youngson. *British Leyland Motor Corporation 1986–2005: The Story from Inside.* The History Press, Stroud, UK, 2015.

Dymock, Eric. *BMW: A Celebration.* Pavilion Books Ltd., London, 1990.

Hutton, Ray. *Jewels in the Crown: How Tata of India Transformed Britain's Jaguar and Land Rover.* Elliot and Thomson, London, 2013.

Larimer, Fred. *BMW Buyer's Guide.* MBI Publishing Co., St. Paul, MN, 2002.

Lewin, Tony. *A–Z of 21st Century Cars.* Merrell Publishers, London, 2011.

Lewin, Tony. *The Complete Book of BMW: Every Model Since 1950.* MBI Publishing Co., St. Paul, MN, 2004.

Meredith, Laurence. *BMW 1975–2001 Model by Model.* Crowood Press, Marlborough, UK, 2002.

Mönnich, Horst, trans. Anthony Bastow and William Henson. *The BMW Story: A Company in Its Time.* Sidgwick & Jackson, London, 1991.

Nahum, Andrew. *Design Museum: Fifty Cars that Changed the World.* Conran Octopus, London, 2009.

Norbye, Jan P. *BMW: Bavaria's Driving Machines.* Publications International Ltd., Skokie, IL, 1984.

Oswald, Werner, and Eberhard Kittler. *Alle BMW Automobile seit 1928,* 2nd ed. Motorbuch Verlag, Stuttgart, Germany, 2002.

Schrader, Halwart, trans. Ron Wakefield. *BMW: A History.* Osprey, London, 1979.

Schrader, Halwart. *BMW: Performance, Passion, Perfektion.* Motorbuch Verlag, Stuttgart, 2014.

Simons, Rainer. *BMW 328: From Roadster to Legend.* BMW Mobile Tradition, Munich, 1996.

Taylor, James. *Driving Machines: The BMW Story.* Unity Media, Westerham, Kent, UK, 2000.

Womack, James P., Daniel T. Jones, and Daniel Roos. *The Machine that Changed the World.* Rawson Associates Macmillan, New York, 1990.

Zeichner, Walter. *BMW Coupes: A Tradition of Elegance.* BMW Mobile Tradition, Munich, 2003.

期刊和网站

Autocar
Automotive News Europe
Car
Die Zeit
The *Economist*
Financial Times
Financial Times Automotive World
The *Guardian*
New York Times
Wall Street Journal Europe
Auto Motor und Sport

www.cardesignnews.com
www.bmwgroup.com
www.bmwgroup-classic.com
www.bmwmregistry.com
www.motorcycleclassics.com
www.motorcyclenews.com
www.motorgraphs.com